ED.PERELLÓ LLIBRES ACADÈMICS

HISTORIA ESENCIAL DE VALENCIA

ED. PERELLÓ

LLIBRES ACADÈMICS

La Colección Llibres Acadèmics está destinada a la difusión de estudios, monografías, libros divulgativos, ensayos y textos de perfil académico.

Entre sus publicaciones más recientes destacan: *Curiosidades sobre Valencia*, de Ismael Martí; *Historia esencial de Valencia*, de Enrique Gallud; *Valencianos inmortales*, de Alejandro Alcalá, entre otros.

ENRIQUE GALLUD JARDIEL

HISTORIA ESENCIAL DE VALENCIA

EDICIONS PERELLÓ

© Ed. Perelló, SL, 2024

Calle de la Milagrosa Nº 26, Bajo
46009 - Valencia
e-mail: info@edperello.es
http://edperello.es

I.S.B.N.: 978-84-10227-98-9
Depósito legal: V-1287-2024

Impreso en España

Este libro ha sido impreso en papel
ecológico procedente de bosques sostenibles.

Para Lolin, con todo mi cariño.

HISTORIA DE VALENCIA

GALERÍA DE VALENCIANOS ILUSTRES

HISTORIA DE VALENCIA

Prehistoria

La Prehistoria en la Comunidad Valenciana se inicia en el Paleolítico inferior (350.000 a.c. aproximadamente), con la aparición de los primeros pobladores, hasta la llegada de los griegos, fenicios y cartagineses (alrededor del 500 a.C.).

La documentación de los primeros pobladores en la actual Comunidad Valenciana se encuentra en la *Cueva de Bolomor*, en Tavernes de Valldigna, donde se encuentran asimismo los primeros vestigios de fuego controlado, en torno al 250.000 a.C.

Del 50.000 a.C. al 30.000 a.C. los neandertales ocuparon la zona hasta su extinción. Fue entonces cuando se mejoró la economía y la técnica y comenzaron a aparecer expresiones artísticas particularmente interesantes por la habilidad técnica de sus creadores y porque mostraban su identificación con un mundo simbólico.

En el Paleolítico medio hay abundantes restos del hombre de Neandertal, que era nómada, vivía en cavernas, se dedicaba a la caza y la recolección, y realizaba cultos funerarios. Empleaba herramientas de piedra, bastante eficaces, y elementos orgánicos, que le ayudaron a sobrevivir.

A finales del Paleolítico Medio, alrededor del año 40.000 a.C., se inicia la expansión del hombre de cromañón (*Homo sapiens*) y la extinción de los neandertales en torno al 30.000 a.C. En el territorio valenciano este cambio tuvo lugar de forma rápida y radical.

En en Paleolítico Superior se produjeron cambios significativos: una tecnología y caza más especializada, optimización de recursos y desarrollo del arte, pese a las duras condiciones climáticas de dos glaciaciones.

La talla del sílex se perfeccionó y se construyeron herramientas especializadas. Igual progreso vio la caza (ciervos, cabras montesas, conejos), que redujo la movilidad de las poblaciones. Los yacimientos valencianos hasta esta época se concentran en la provincia de Alicante.

Durante este período se desarrolló el arte parietal o rupestre (pintado en las paredes de las cuevas). Pero el arte paleolítico predominante es el arte mueble, los objetos artísticos que se pueden transportar, como plaquetas decoradas y armas personalizadas.

El Epipaleolítico o Mesolítico expandió los bosques y aumentó el nivel del mar. La región vio una mejora en el clima y aumento de recursos animales y vegetales. Los asentamientos duraron menos y se concentraron en las costas y alrededor de los ríos y albuferas. Aumentó mucho su número (se conocen más de treinta) y se fueron expandiendo hacia la provincia de Castellón.

De esta época son numerosas pinturas rupestres con figuras de pequeño tamaño y de colores oscuros, que son escenas de caza, mostrando siempre a un grupo de individuos y nunca a uno de ellos en solitario.

La llamada Revolución Neolítica se inició en esta zona de Levante peninsular alrededor del 5550 a.C. Se desarrollaron nuevos métodos de producción y se introdujeron otros materiales, como la cerámica y la piedra pulida. A causa de la introducción de la agricultura y la ganadería se produjeron cambios en de alimentación y en la organización de la población. La caza y la recolección pasaron a un segundo término. Entre las provincias de Valencia y Alicante existen algunos de los yacimientos más importantes de todo el Mediterráneo.

Con la agricultura, las poblaciones cazadoras y recolectoras se fueron haciendo sedentarias, como lo demuestra la construcción de grandes cerámicas y silos para almacenar el grano (trigo, cebada y leguminosas). En el Neolítico se desarrolla asimismo la ganadería (oveja, cabra y cerdo), lo que llevó a la creación de asentamientos permanentes.

La característica más importante del momento en Levante es la aparición de la llamada cerámica cardial. Se han hallado restos humanos de rituales funerarios, cuyos enterramientos presentan cerámicas decoradas de esta forma. También se trabajó la piedra pulida, con la que se fabricaron herramientas específicas para la agricultura. La mayoría de los asentamientos de esta época eran cuevas, aunque también los había al aire libre. Las pruebas del carbono-14 han datado objetos hallados en estas cuevas entre el 5750 y el 5050 a.C.

En las primeras etapas del Neolítico el arte rupestre fue muy importante en el territorio levantino. La variedad más antigua fue el arte macroesquemático, asociado a las primeras poblaciones neolíticas. Luego vino el arte Levantino, naturalista y narrativo, caracterizado por escenas de caza. Y, más tarde, el arte Esquemático, que perdura hasta la Edad de los Metales, con caracterización de humanos y animales mediante líneas muy básicas.

El Calcolítico (o Edad del Cobre) es un período de transición a la Edad del Bronce y mantuvo muchos de los rasgos característicos del neolítico. Se reduce la caza y se aumenta el cultivo de cereales y legumbres, y el aprovechamiento del ganado y de sus productos derivados (leche y lana).

Prospera la cerámica campaniforme y la elaboración armas de cobre. Aumenta el número de poblados al aire libre y próximos a los ríos. Las casas de barro con vegetales comienzan a tener zócalos de piedra como base, en formas rectangulares o circulares. Surgen las murallas, como prueba de la preocupación defensiva.

En el Calcolítico valenciano aparecen cuevas de enterramiento, generalmente en cavidades o grietas naturales, donde se enterraba a varios los fallecidos, junto con enseres y objetos de adorno.

En algunas cuevas levantinas se han encontrado los llamados «ídolos oculados», representaciones humanas practicadas en los huesos de los individuos enterrados.

Con la Edad del Bronce la agricultura se desarrolla, los asentamientos son cada vez más complejos y las sociedades comienzan a organizarse jerárquicamente. Surgen la metalurgia y la producción textil. Los asentamientos se construyen en zonas elevadas y presentan murallas de piedra.

Esta época se divide en el Bronce Valenciano (2200 a.C.–1500 a.C.) y el Bronce Tardío (1500 a.C.–1 000 a.C.), al que le sigue el Bronce Final (1000 a.C.–800 a.C. aproximadamente), una etapa de transición.

El Bronce Valenciano presenta una cultura propia de la región valenciana, independiente de otras. Se caracteriza por la ausencia de enterramientos bajo las casas y la inexistencia de algunos objetos cerámicos. La provincia de Alicante, sin embargo, recibe influencias de la cultura argárica de Almería.

Del Bronce Tardío hay pocos vestigios, debido al uso de materiales blandos y poco duraderos.

La agricultura y la ganadería fueron las actividades principales, con un aumento de rendimiento y producción, debidos a la inclusión de nuevas especies y a la alternancia entre cereales y legumbres. Se introdujo el arado, lo que facilitó la agricultura extensiva de secano. La ganadería se basaba en la cría de cabras y ovejas. También se criaban cerdos, caballos yo bueyes.

El aumento de la población produjo una gran explotación del territorio, con la consiguiente deforestación.

La producción de bronce fue muy reducida, debido a la escasez de materias primas. La región valenciana tuvo que abastecerse de extracciones mineras de Almería y Murcia. Al contrario que en otras culturas, donde la metalurgia producía objetos metálicos de adorno, en el Bronce Valenciano se buscaba más la finalidad práctica (punzones, puntas de flecha, cinceles, puñales).

A partir del Bronce Valenciano se encuentran asentamientos por todo el territorio y de todos los tipos, generalmente al aire libre en terrenos elevados y de difícil acceso. Las casas eran cuadradas o rectangulares, tenían suelos de tierra batida, y se sostenían con vigas y postes de madera. Sus áreas estaban diferenciadas según la actividad; zonas de trabajo, de almacenamiento, de fabricación o de descanso.

Durante el Bronce Final se introdujeron especies como el lino o el mijo, y surgieron grupos ganaderos de gran movilidad. La cerámica característica de este período es la carenada.

La región valenciana fue un red intercomunicadora entre las diferentes culturas. Sufrió una crisis en los asentamientos, que fueron abandonándose de forma progresiva. Surgieron otros en ubicaciones diferentes.

Se inició la práctica de la cremación de cadáveres: se incineraba a los difuntos y se depositaban sus cenizas bajo tierra en una urna cerámica.

La Edad del Hierro abarca el período entre en torno al 800 a.c. y la conquista romana en el 218 a.c. Sus características principales son la expansión de este metal, el crecimiento demográfico y la urbanización de los poblados.

La agricultura introdujo el olivo y la vid. La ganadería no sufrió cambios respecto al período anterior. El aumento demográfico provocó la aparición de centros urbanos con casas de piedra y calles planificadas.

Es destacable en este periodo el comercio con los fenicios, sobre todo en la zona cercana a la desembocadura del Vinalopó, donde había una gran concentración de población. El único asentamiento fenicio en la zona valenciana fue La Fonteta, en Guardamar del Segura.

ÉPOCA PRERROMANA

La época prerromana abarca desde los primeros asentamientos hasta la llegada de los romanos a la península ibérica. Durante este período la región valenciana experimentó diversas transformaciones culturales, sociales y económicas que fueron relevantes durante su integración en el mundo romano.

La época ibérica en esta zona abarca el período comprendido entre el 5000 y el siglo III a.C., momento en que los íberos eran el pueblo predominante en la península.

Los íberos eran tribus separadas, aunque presentaban características culturales semejantes. La sociedad ibérica estaba organizada en torno a una estructura política descentralizada, con ciudades-estado gobernadas por aristocracias locales. Las ciudades más importantes ejercían control sobre las más pequeñas, conformando una especie de reinos de las que eran capital. Estas ciudades-estado mantenían relaciones diplomáticas y comerciales entre sí, pero también mantuvieron conflictos y guerras territoriales.

Se encontraban situadas principalmente en lugares altos donde era posible una mejor defensa, lejos de la llanura donde actualmente está la ciudad de Valencia, ya que en aquella época aquella zona era un lugar pantanoso y prácticamente inhabitable. La capital ibérica de esta zona estaba situada en la actual Liria y recibía el nombre de Edeta.

En cuanto a la ciudad de Valencia, parece ser que existía una pequeña población fortificada en una isla sobre el río Turia. Recibía el nombre de Tyris o Tyrin.

Los íberos presentaron una cultura muy específica, con claras muestras de arte, como la *Dama de Elche* o el *Guerrero de Mogente*. Además destacaron por la gran variedad de sus piezas de cerámica, monedas etcétera.

La lengua ibera está documentada y los textos se pueden leer, aunque no se conoce su significado, por no haber lenguas afines. Sí da información sobre los antropónimos, topónimos y nombres de dioses.

La sociedad estaba conformada de una manera estructurada y cuando las relaciones con pueblos del exterior hicieron necesaria unas comunidades más estructuradas, hizo su aparición la aristocracia y se llevó a cabo una división del trabajo más especializada. Se constituyeron monarquías, frecuentemente hereditarias.

La economía se basaba principalmente en la agricultura y el comercio. Los cereales eran la base de la producción (cebada, trigo, mijo, espelta, escanda y avena), seguidas por las legumbres (lentejas, guisantes, habas). En ganadería se criaron bóvidos, cerdos, cabras y ovejas; se valoraban mucho los caballos y también se dio importancia a la pesca.

La metalurgia produjo armas e instrumentos de trabajo (arados, picos, azadas, hoces y tijeras de trasquilar). Hubo también mucha producción textil y cerámica. El comercio de importación exportación fue abundante con las zonas colindantes del Mediterráneo.

Hay constancia de que en el siglo IV a.C. se acuñó moneda de plata en la actual Sagunto, lo que ha servido para conocer denominaciones de lugares, nombres de dioses y otros datos culturales.

La religión desempeñaba un papel importante en la vida cotidiana de los iberos, con la adoración de dioses y diosas asociados con la naturaleza, la guerra y la fertilidad. Hubo sacrificios animales, en los que se recogía la sangre de las víctimas y se entonaban cánticos con música. Era también frecuente el culto a los antepasados.

Deméter, la adivina griega femenina relacionada con la agricultura, fue la más popular. No se conocen muchos datos sobre los nombres de las divinidades ibéricas, aunque se sabe que se solía divinizar a los héroes.

Se incineraba a los cadáveres junto con sus ropas y armas, y sus restos se colocaban en urnas que se enterraban posteriormente. También se inhumaban a los niños pequeños dentro de las casas. Según las creencias generalizadas, los cadáveres de los muertos se convertían en humo y ascendían al cielo. Se efectuaban diversas ceremonias posteriores a la cremación, con la ruptura ritual de los vasos cerámicos que se habían empleado en el banquete de difuntos.

La llegada de nuevos pueblos a las costas valencianas introdujo nuevas influencias culturales y económicas en la región. Los primeros que entraron en contacto con los contestanos y edetanos que vivía en la Comunidad Valenciana fueron los fenicios, un pueblo marinero que estableció factorías comerciales a lo largo de la costa mediterránea, como la ciudad de Hemera Ketidua (Guardamar del Segura), donde comerciaban productos como el vino, el aceite y la cerámica con las comunidades locales.

También los griegos llegaron a esta zona y fundaron colonias en lugares estratégicos, como la ciudad de Hemeroskopeion (Denia), desde donde controlaban el comercio marítimo en el Golfo de Valencia. Los griegos entraron en conflicto entraron en conflicto con los fenicios y acabaron desplazándoles de sus asentamientos.

La influencia fenicia y griega produjo nuevas técnicas de agricultura y artesanía, así como la adopción de sistemas de escritura alfabética. Además, el comercio con ellos permitió a los pueblos ibéricos acceder a una amplia gama de bienes de lujo, como joyas, cerámica y textiles, que se convirtieron en símbolos de rango entre la aristocracia local.

La presencia fenicia y griega en la zona no fue enteramente pacífica: hubo frecuentes conflictos y tensiones entre las tres comunidades. Las rivalidades territoriales y comerciales a menudo ocasionaron enfrentamientos armados entre griegos, fenicios e iberos, que luchaban por el control de los recursos naturales y las rutas comerciales en la región.

Los cartagineses, descendientes de los fenicios, llegaron a la península ibérica en el siglo III a.c. y esto marcó un punto de inflexión en la historia de la Comunidad Valenciana. La poderosa ciudad-estado de Cartago, en el norte de África, buscaba expandir su influencia en el Mediterráneo occidental y establecer una base sólida en la península ibérica. Los cartagineses establecieron colonias y fortificaciones en la costa este de la península, como Akra Leuke (Sagunto), que se convirtió en un importante centro comercial y militar en la región.

La presencia cartaginesa en la Comunidad Valenciana desencadenó enfrentamientos con las comunidades ibéricas y griegas. Los cartagineses derrotaron a los griegos en el 535 a.C., en la batalla de Alalia y esto les dio entrada a toda la península, aunque no lograron un total control sobre los pueblos autóctonos, con los que mantuvieron relaciones comerciales.

Las guerras púnicas entre Roma y Cartago por el control del Mediterráneo occidental tuvieron repercusiones en la región, con batallas y asedios que afectaron a ciudades como Sagunto y Edeta. Muchos edetanos combatieron junto a Cartago en la Primera Guerra Púnica.

En el 219 a.C., el general Aníbal Barca atacó la ciudad de Arse (Sagunto). Las fuerzas cartaginesas sitiaron y destruyeron la ciudad, que resistió valientemente. Tras ocho meses de asedio, muchos de sus habitantes prefirieron suicidares. Esta batalla marcó el comienzo de la Segunda Guerra Púnica y el inicio del dominio romano en la península ibérica, cuando Aníbal fracasó frente a Publio Cornelio

Escipión, que conquistó gran parte del territorio controlado hasta entonces por los cartagineses. Tras su derrota en la batalla de Zama, Cartago cedió Hispania a Roma.

ÉPOCA ROMANA

Este período, que abarca desde la conquista romana hasta la caída del Imperio, está marcado por una serie de eventos significativos que moldearon la identidad y el desarrollo de la región.

La llegada de los romanos a la península ibérica se produjo en el siglo III a.C., cuando las legiones romanas comenzaron a expandir su dominio sobre el Mediterráneo occidental. La conquista de la península ibérica fue un proceso gradual que se prolongó durante varios siglos, con enfrentamientos bélicos entre los romanos y las diversas tribus y reinos indígenas que habitaban la región. La romanización en esta zona fue particularmente importante, notable debido a su ubicación estratégica en la costa oriental de la península y su riqueza en recursos naturales.

En el año 616 AVC (*ab urbe condita*, desde la fundación de Roma) el cónsul romano Décimo Junio Bruto, conocido como «el Galaico» por su conquista del norte de Lusitania y de Galicia, licenció a sus tropas, unos 2 000 hombres. En aquel tiempo era habitual que se ofreciese a los veteranos un premio en denarios o la concesión de tierras en alguna colonia romana. Como premio a su valor, Décimo concedió a sus hombres territorios en Levante, en una isla fluvial junto a la desembocadura del Turius o Tyris, junto al vado del río por donde pasaba la Vía Heraclea, conocida después como Vía Augusta. Esto supuso la fundación de Valentia Edetanorum (del latín *valentia*, «valor», y *edetanorum*, «de los edetanos), en el año 138 a.C. El núcleo principal de esta ciudad se encontraba en el entorno de la actual plaza de la Virgen.

Se adjudicó el rango de colonia a este emplazamiento, situado entre las cuatro principales ciudades de la zona: Arse (Sagunto), Edeta (Liria), Saetabis (Játiva) y Dianium (Denia). Eran tierras semipantanosas, pero pronto se las supo fertilizar y se convirtieron en un lugar próspero que aumentó pronto su población y que quedó bajo la división de Hispania Tarraconensis, cuya capital se encontraba en Tarraco (Tarragona).

El general Quinto Sertorio, gobernador de la Hispania Citerior, se negó a reconocer la autoridad de Lucio Cornelio Sila, dictador de Roma, y se rebeló contra el Imperio. La ciudad fue aliada del rebelde y participó activamente en las guerras sertorianas. En el año 75 a.C., Cneo Pompeyo Magno derrotó al sublevado tras varias batallas y destruyó parcialmente la ciudad, como castigo a su resistencia y a la lealtad de la ciudad a Sertorio. Únicamente quedó en pie un edificio dedicado a Esculapio, el dios de la medicina. Tras esta destrucción, la ciudad permaneció abandonada durante aproximadamente medio siglo.

El tiempo de Augusto, se volvió a refundar, entre el 5 a.C. y el 5 d. C., aunque se tardarían varios años en conseguir recuperar el crecimiento anterior, lo que no tendría lugar hasta el tiempo de la dinastía Flavia, que favoreció la inmigración de nuevos ciudadanos.

La ciudad vio la construcción de numerosos edificios públicos, como el foro y un circo con capacidad para 10.000 personas, hubo un puerto fluvial, un acueducto, obras de distribución de aguas,, santuarios y necrópolis.

Durante el siglo II Valencia presentó características propias de las urbes imperiales, siendo una ciudad profundamente romanizado en todos sus aspectos. La colonia tuvo una paz relativa, hasta la llegada de las primeras oleadas de pueblos germánicos, que atravesaron el Valle del Turia en el 260.

El siglo III supuso una crisis para todo el imperio romano e igualmente para la ciudad de Valentia. Entre el 260 y el 270 quedó destruida y se volvió a reconstruir, aunque con un perímetro inferior y abandonándose a algunas de sus estructuras anteriores. Sin embargo, durante el siglo siguiente la ciudad mantuvo su rango de importancia al tiempo que Edeta o Saguntum lo iban perdiendo.

En el año 304 tuvo lugar en la ciudad el martirio de San Vicente, en cuyo honor se conformó la primera comunidad cristiana y se levantó un templo sobre su tumba. Daciano, prefecto en Hispania y siguiendo las órdenes de Diocleciano, que había decretado una persecución contra los cristianos, dio tormento al oscense Vicente, que predicaba en nombre del obispo Valero.

La romanización se efectuó de forma rápida e intensa en la región valenciana. Se crearon calles rectilíneas, edificios públicos como foros, templos y termas. Los romanos construyeron el primer sistema de alcantarillado y abastecimiento de agua para las ciudades y de canales de riego en las zonas de huerta. Valencia posee restos arqueológicos que evidencian la existencia de un complejo sistema de acueductos y cisternas que abastecía a la ciudad con agua potable.

Los romanos también desarrollaron una red de villas rurales y explotaciones agrícolas en la región valenciana. Estas villas producían alimentos y materias primas destinadas al consumo interno y la exportación hacia otras regiones del Imperio. La introducción de nuevas técnicas agrícolas y la implantación de cultivos como el olivo y la vid contribuyeron al desarrollo económico de la región.

El comercio fue otro pilar fundamental de la economía romana en esta zona. Los puertos marítimos de Valencia, Sagunto y Denia se convirtieron en importantes enclaves comerciales que facilitaban el intercambio de mercancías entre la península ibérica, el Mediterráneo oriental y el resto del Imperio. Además de productos agrícolas, se comerciaba con productos manufacturados, como cerámica, tejidos y objetos de lujo que gustaban tanto a la élite local como a las clases ricas de Roma.

La población autóctona de iberos y celtas, adoptó gradualmente la lengua latina y las costumbres romanas, aunque mantuvo ciertos rasgos distintivos de su identidad ancestral. La élite local, formada por terratenientes y comerciantes, asimiló la cultura romana y adoptó el estilo de vida urbano propio de la aristocracia romana.

La religión también experimentó cambios. Los romanos eran tolerantes en materia de religión, aunque el culto oficial era la religión romana, con la adoración de dioses como Júpiter, Marte, Venus y Minerva. Sin embargo, en las zonas rurales persistieron prácticas religiosas autóctonas, como el culto a divinidades locales y la veneración de la naturaleza.

El arte y la arquitectura romanos dejaron los numerosos monumentos y ruinas que todavía se conservan en la región. Los restos del teatro romano de Sagunto, construido en el siglo I d. C., son uno de los ejemplos más impresionantes de la arquitectura romana en España. Existen otros emplazamientos arqueológicos importantes, como las termas romanas de Almirante, el puente del Diablo en Tarragona y el yacimiento de La Alcudia en Elche. En escultura, es de destacar la llamada *Dama de la Boatella*, representación de alguna musa o deidad funeraria, recientemente hallada en el centro de la ciudad.

Una tradición romana que parece ser el origen de las fiestas de las Fallas fue la llamada *quiquatria* o *minervalia* (en honor a la diosa Minerva), una festividad que se celebraba entre 19 y el 23 de marzo. Por ser la diosa la protectora de los artesanos. Estos sacaban a la calle diversos enseres de sus talleres t los quemaban como forma de purificación.

Tras la caída del Imperio en el siglo V, con la llegada de los pueblos germánicos, muchas de las ciudades y estructuras romanas fueron reutilizadas y adaptadas para nuevos usos. Sin embargo, la influencia romana nunca desapareció por completo y sigue siendo una parte integral de la identidad histórica y cultural de la región.

ÉPOCA VISIGÓTICA

La época visigótica, que abarca desde el siglo V hasta el año 711, es un período crucial en la historia de la región levantina. Durante este tiempo, la influencia de los visigodos, un pueblo germánico que gobernó gran parte de la Hispania después de la caída del Imperio romano de Occidente, dejó una huella significativa en la cultura, la sociedad y la política de la zona, transformado radicalmente la ciudad de Valencia y favoreciendo el desarrollo artístico.

La llegada de los visigodos a la península ibérica se produjo en el año 415, cuando cruzaron los Pirineos y se establecieron en la región. Este periodo quedó marcado por la interacción y fusión de diferentes culturas, incluidas las romanas, visigodas y las influencias autóctonas. La Comunidad Valenciana se convirtió en un lugar crucial para los visigodos en términos de comercio y defensa. La región se dividió en pequeños condados y la autoridad central visigoda nombró a gobernadores para administrar estos territorios. La sociedad se organizó en torno a una jerarquía clara, con la nobleza visigoda en la cúspide, seguida de la aristocracia hispanorromana y la población local.

Uno de los aspectos más destacados de la época visigótica fue la cristianización de la región. A medida que los visigodos adoptaron el cristianismo, se construyeron iglesias y monasterios en toda la zona, que no solo sirvieron como lugares de culto, sino también como centros de poder e influencia. La Iglesia se convirtió en una institución primordial y asumió el control de la sociedad y de sus costumbres.

Aunque la región dependió de la autoridad central de Toledo, tuvo bastante autonomía durante la época visigoda. Tuvieron gran importancia la antigua ciudad de Valentia y el casto de València la Vella, actualmente Riba-roja del Túria. La zona pasó a poder de los bizantinos en el 554 y se recuperó en el 584. Es posible que en el 583 Leovigildo se titulara «rey de Valencia». Tras la marcha de los bizantinos, Valencia pasó por una etapa de estancamiento y depresión económica.

ÉPOCA MUSULMANA

La época visigótica en la Comunidad Valenciana llegó a su fin con la invasión musulmana en el año 711. Las fuerzas islámicas derrotaron al último rey visigodo, Rodrigo, en la batalla de Guadalete, abriendo así la puerta a la dominación musulmana en la península ibérica. Esto supuso un punto de inflexión para Levante.

El caudillo Tárik ibn Ziyad tomó la ciudad de Valencia y la incorporó al Valiato de al-Ándalus, dependiente del Califato de Damasco primero y, después, al de Córdoba. A la población hispanorromana y visigoda se le permitió mantener sus costumbres y religión, y la mayoría cristiana convivió con la minoría musulmana sin especiales conflictos. Con el tiempo, se produciría una islamización lógica y paulatina, en lengua, religión y costumbres.

Durante esta etapa de dominación musulmana, la región experimentó un período de esplendor cultural y económico. Los musulmanes introdujeron nuevos métodos de cultivo, como el riego por acequias, uno de los sistemas de ingeniería más perfectos del mundo antiguo, que permitieron el desarrollo de la agricultura en la región. Vinculado al riego está el origen del Tribunal de las Aguas, en el que los representantes de las acequias resolvían los conflictos relacionados con el reparto del agua.

Además de todo esto, la introducción de nuevos cultivos, como el arroz y los cítricos, contribuyó al enriquecimiento de la dieta y a la diversificación de la economía.

El arte islámico dejó también una huella imborrable. Las construcciones que se erigieron no solo sirvieron como fortificaciones militares, sino también como centros administrativos y culturales que fomentaron el intercambio de conocimientos y la convivencia. Musulmanes, cristianos y judíos convivieron en relativa armonía. Aunque cada comunidad tenía sus propias leyes y costumbres, existían también espacios de encuentro y colaboración, especialmente en el ámbito económico y comercial. La ciudad de Valencia se convirtió en un importante centro de comercio y cultura, atrayendo a mercaderes, artesanos e intelectuales de diferentes partes del mundo. En los zocos y mercados de la ciudad se intercambiaban productos procedentes de Oriente y Occidente, contribuyendo al enriquecimiento cultural y económico de la región.

Con la decadencia y caída del Califato de Córdoba se creó la taifa de Balansiya (1010-1238), con un gobierno autónomo sobre el área de Valencia. Esta fue la época de máximo esplendor de la ciudad.

Se desarrollaron sistemas de riego y cultivos, y hubo mucho comercio con la España cristiana. Se crean zocos y zonas ajardinadas, como la Russafa y se llevan a cabo muchas reformas urbanísticas.

La época más tranquila y próspera fue a partir del año 1021 durante el mandato de Abd al-Aziz ibn Ámir, nieto de Almanzor, que impulsó muchas obras de ingeniería y fortificó la ciudad. En el 1088 hubo una gran riada en el cauce del Guadalaviar que destruyo los dos puentes de la ciudad y causó graves daños al campo.

Alfonso VI hizo a Rodrigo Díaz de Vivar cesión hereditaria de todas las tierras que pudiese conquistar en Levante. El Cid se erigió en protector de Al-Qadir, príncipe de Valencia, de quien recibía tributos. El caudillo almorávide Ibn Aisha conquistó Denia, Játiva, Alcira y Valencia, forzando así al Cid a intentar tomar esta última. En el 1094, tras un duro asedio, consiguió rendirla y ocuparla, convirtiéndola durante un tiempo en un estado-ciudad. Se tituló «príncipe de Valencia», con derecho hereditario, aunque rindiendo vasallaje a Alfonso VI. Se instaló en la ciudad con su mujer e hijas. Ésta conquista fue un gran triunfo para la España cristiana.

Ese mismo año Muhammad ben Tashufin desembarca en la península para expulsar a Rodrigo de Valencia, aunque este, pese a estar sitiado, sale de la ciudad y consigue derrotarle en la destacada batalla de Cuarte.

El Cid murió en Valencia en el 1099 y su esposa, doña Jimena, consiguió defender la plaza hasta el año 1102, con ayuda de su yerno, Ramón Berenguer III de Barcelona. En ese momento, Alfonso VI ordena la evacuación de la ciudad y los cristianos abandonan Valencia, incendiándola antes de la entrada de los almorávides.

En 1147 acaba el dominio almorávide y comienza el almohade. En 1151 Alfonso VII de Castilla y Ramón Berenguer IV de Barcelona y Aragón deciden el reparto de las posibles conquistas de territorios y Levante queda adjudicada a Aragón.

A partir de 1229 la ciudad queda controlada por los almohades, con emires propios y con muchas luchan internas, que propiciarían la conquista cristiana.

Zayyán ibn Mardanish fue el último rey musulmán de Valencia y se declaró vasallo de Jaime de Aragón. Este periodo fue culturalmente muy prolífico. Fue entonces cuando se produjo la fusión de las influencias lingüísticas que darían forma a la lengua valenciana. Hubo destacados poetas y músicos que introdujeron en la región el uso de instrumentos como el laúd y la guitarra, propios de la música andalusí. También la arquitectura valenciana floreció notablemente y se construyeron impresionantes mezquitas, palacios y fortificaciones.

El Reino de Valencia

El Reino de Valencia abarcó desde el reconquista de la taifa de Balansiya hasta 1707, en que con la promulgación de los Decretos de Nueva Planta para los reinos de Aragón y Valencia se abolieron sus instituciones y sus fueros, siendo sustituidos por los castellanos.

Entre los años 1232 y 1245 tiene lugar la conquista de Valencia por Jaime I, en el marco de la llamada Reconquista cristiana, hasta el punto de que el papa Gregorio IX concedió a esta guerra el rango de Cruzada religiosa. Tras un sitio de cinco meses, la ciudad se rindió en el 1238. Tenía en ese momento una población aproximada de 120 000 musulmanes, 65 000 cristianos 6 2000 judíos.

Se aprobó en 1261 una ley para la ciudad, el *Costum* o *Furs de València*, mediante los cuales el territorio se convertía en un reino en sí mismo, inserto en la Corona de Aragón pero con administración e identidad jurídica propias, con el mismo rango que los otros territorios de la corona.

El rey fue conquistando otras localidades de la región. Se ocupó en crear un estado nuevo, alejado del feudalismo. Estableció el Reino de Valencia, uniendo los territorios conquistados bajo su corona y otorgando fueros y privilegios a las ciudades y villas de la región. El Reino de Valencia se convirtió en una entidad política y administrativa independiente, con sus propias leyes, instituciones y símbolos.

Años más tarde, Jaime II dio un estatuto para que los reinos de Aragón y Valencia quedasen unidos al condado de Barcelona y no se pudiesen dividir, aunque cada reino conservaría sus organismos autónomos. En el siglo XIV la ciudad de Valencia sufrió a causa de la peste negra, al igual que el resto de Europa. Esto sucedió en 1348 y esta epidemia de bubónica diezmó la población de la región. La pérdida de vidas tuvo un impacto duradero en la economía y la estructura social de la región, alterando el equilibrio de poder entre las diferentes clases sociales y debilitando la autoridad de la nobleza feudal.

Entre 1356 y 1365 Castilla y Aragón se enfrentaron en una guerra que se libró en el reino de Valencia, debido al interés de Aragón en controlar el reino de Murcia. En 1363 y 1364 las tropas castellanas atacaron por dos veces la ciudad, siendo repelidas. El escudo lleva desde entonces dos 'L' que significan «dos veces leal».

En el 1391 los cristianos asaltaron el barrio judío y obligaron a sus habitantes a convertirse al cristianismo.

Ante la muerte sin herederos de Martin I «el Humano», se entronizó en Aragón, Valencia y el principado de Cataluña, mediante el llamado Compromiso de Caspe, a la casa de Trastámara en la persona de Fernando I.

Durante este período, el Reino de Valencia experimentó un notable crecimiento económico y demográfico. La agricultura, la ganadería y el comercio fueron las principales fuentes de riqueza de la región, y ciudades como Valencia, Alicante y Castellón se convirtieron en prósperos centros comerciales y urbanos. La Diputación de la Generalidad llega a tener gran poder, aunque hubo frecuentes conflictos entre la corona y la nobleza.

En cuanto a la estructura social y política, la sociedad medieval en el reino estaba marcada por una fuerte estratificación social. En la cúspide de la sociedad se encontraba la nobleza, compuesta por los grandes señores y terratenientes que controlaban las tierras y los recursos económicos de la región. Por debajo de la nobleza se encontraba la clase media, formada por comerciantes, artesanos y funcionarios públicos, que desempeñaban un papel fundamental en la economía y la administración del reino. En la base de la sociedad se encontraba la clase baja, compuesta por campesinos, jornaleros y servidores domésticos, que trabajaban en las tierras de los señores y apenas tenían derechos ni propiedad.

En el ámbito político, el Reino de Valencia estaba gobernado por un sistema feudal, en el que el rey gobernaba con el apoyo de la nobleza y el clero. El rey Jaime I estableció las Cortes de Valencia, un órgano consultivo formado por representantes de la nobleza, el clero y las ciudades, que tenía el poder de aprobar impuestos y legislar en materias de interés general.

En general, la Edad Media fue un período de gran esplendor cultural valenciano, que se manifestó en todas las áreas de la vida cotidiana. El arte y la arquitectura experimentaron un notable desarrollo, con la construcción de iglesias, castillos y palacios. El gótico fue especialmente rico y dejó grandes ejemplos, como las catedrales de Valencia y Orihuela.

El siglo XV

Este siglo fue un período de importantes cambios políticos, sociales, económicos y culturales, y representa el máximo apogeo de Valencia, pues los Reyes de la casa de Antequera habían obtenido el trono de Aragón gracias a la actitud de fray Bonifacio Ferrer y de san Vicente Ferrer, compromisarios valencianos en el famoso compromiso de Caspe. Los reyes, ante la hostilidad catalana, favorecieron a Valencia, que se convirtió en uno de los pilares de la corona aragonesa y construyó entonces sus principales monumentos, afianzando su riqueza económica.

A lo largo del siglo XV, la Corona de Aragón consolidó su dominio sobre el Reino de Valencia, estableciendo una administración centralizada. El reino experimentó tensiones entre diferentes facciones políticas, incluidos los partidarios de la monarquía centralizada y aquellos que abogaban por una mayor autonomía regional. Además, Aragón se vio envuelto en conflictos con otras potencias, como Castilla y

Francia. Las guerras de los Trastámara entre los reyes de Aragón y los reyes de Castilla por el control de la península ibérica se libraron en el Reino de Valencia.

La sociedad valenciana estaba estructurada en torno a un sistema feudal, con una nobleza dominante que controlaba grandes extensiones de tierra y una clase trabajadora campesina que trabajaba en las haciendas. Sin embargo, a medida que crecían las ciudades y se desarrollaba una clase mercantil y artesanal, surgieron tensiones sociales y económicas entre las diferentes clases sociales.

Por otra parte, durante el reinado de Alfonso «el Magnánimo» (1416-1458), Valencia vio un gran desarrollo demográfico, convirtiéndose en la ciudad más poblada de la corona de Aragón, con unos 75 000 habitantes (Barcelona contaba solo 14 000) y en la ciudad cristiana más importante de la península.

Dos elementos negativos que hay que destacar fueron las sucesivas recurrencias de la peste, que causó una alta mortalidad, y las sucesivas s incursiones de piratas berberiscos y en la costa, a partir del 1460.

La sociedad fue multiconfesional y multicultural, con más derechos para los cristianos, aunque no faltaron los conflictos por causa de religión, pues la inquisición propició que muchos intelectuales y comerciantes abandonaran la región. En 1455, debido a unos altercados iniciados por unos moriscos durante una procesión cristiana, se asaltó la morería de Valencia y el barrio se cerró para no volverse a abrir más. Los mudéjares abandonaron la ciudad y se perdió su experiencia en varias actividades agrícolas.

Aunque la agricultura seguía siendo la base de la economía, con cultivos como la vid, el olivo y los cítricos desempeñando un papel crucial en la vida económica de la región, el crecimiento demográfico y la expansión urbana llevaron a un aumento de la actividad comercial y manufacturera, especialmente en ciudades como Valencia, que se convirtió en un importante centro comercial y financiero.

Valencia se convirtió en un importante centro comercial y económico en la zona del Mediterráneo, pues los conflictos en el Reino de Aragón habían hecho que la burguesía se trasladará a Valencia, donde no existían esos problemas. La creación de la *Taula de canvis*, una banca municipal para apoyar las operaciones comerciales, reactivó en gran manera el comercio urbano.

La región se benefició especialmente de la Ruta de la Seda, lo que proporcionó crecimiento y prosperidad e hizo que la capital valenciana se convirtiese en el centro económico y social de la corona de Aragón. Se comerció con productos como la seda, especias, tejidos y cerámicas. La industria local, principalmente de textiles, alcanzó un gran desarrollo. Con la creación de la Lonja de la Seda y de los Mercaderes, Valencia se convirtió en un emporio comercial y uno los mercados más importantes del Mediterráneo, con una potencia económica comparable a la de Génova, Marsella o Venecia. Su prosperidad atrajo a mercaderes de toda Europa.

Se ha llamado Siglo de Oro Valenciano al periodo de los siglos XIV, XV e inicios del XVI, momento en que la ciudad de Valencia se convirtió en un importante foro intelectual, académico y artístico al que acudieron destacados intelectuales, artistas y escritores.

La convivencia de distintas culturas igual surgimiento en Valencia de corrientes humanísticas muy importantes, siendo la valenciana una de las primeras sociedades de España en entrar en el Renacimiento. En el 1419 se fundó el Archivo del Reino de Valencia y a finales de siglo (1499-1501) el papa Alejandro VI, de ascendencia valenciana, otorgó la bula fundacional de la Universidad de Valencia, que se creó con el nombre de *Estudi general* y que atraería a profesores y estudiantes de toda Europa. Se crear un también instituciones culturales y literarias de gran importancia, como la famosa Academia de los Nocturnos.

La lengua valenciana vio también un periodo de máximo florecimiento, pues durante ese tiempo se escribieron sus mejores obras literarias y se redactaron muchos documentos que plasman la tendencia a la conciencia y dogmática propia. El idioma se difundió por el territorio no solo a través de libros, sino también mediante poesías y canciones populares. Entre 1395 y 1474 se produjo un periodo de consolidación e implantación del valenciano, que se extendió a todos los niveles de la administración y de la cultura, desplazando al latín.

Surgió toda una pléyade de escritores de gran calidad en lengua valenciana, como Ausiàs March, Joanot Martorell, Joan Roís de Corella, Pau de Bellviure, Jaume Roig o Isabel de Villena.

Un elemento crucial en este desarrollo y una de las grandes contribuciones de la región fue la actividad relacionada con la imprenta. En primer lugar, hay que decir que había sido en la taifa de Balansiya, concretamente en Játiva. donde se introdujo y fabricó por primera vez el papel en el mundo occidental.

Valencia tuvo un papel principal en la difusión de la imprenta y se convirtió a finales del siglo XV en el primer centro editorial de la península. La imprenta llegó a Valencia poco después de haberse introducido en Italia en el año 1465 y una de las primeras imprentas de España funcionó en esta ciudad. En 1474 Lambert Palmart elaboró uno de los primeros incunables españoles, *Obres i trobes en lahors de la Verge Maria*, considerado como el primer libro literario impreso en España. También se imprimieron en Valencia el *Comprehensorium* (primer incunable fechado) y la *Tertia pars Summa Theologica* (primer incunable con todos los datos completos). La tradición creció y el número de impresores de Valencia fue superior al de cualquier otra ciudad española. También llegaron numerosos impresores alemanes suizos y franceses, atraídos por la actividad editorial de la ciudad.

En esta época la arquitectura gótica floreció en la región y se construyeron en la ciudad magníficos edificios y monumentos que reflejaban la riqueza y el gusto estético de la época. Sirvieron para fines prácticos y también para el embellecimiento de la ciudad. Se ampliaron y mejoraron las murallas defensivas y se construyeron palacios y jardines. Se erigieron iglesias góticas en renacentistas, como la Catedral de Valencia o la iglesia de los Santos Juanes. Se terminó de construir la torre del Micalet (el campanario de la Catedral). Se dirigieron las Torres de Quart, el Palau de la Generalitat y las Atarazanas del Grau.

Tuvo gran importancia a la Escuela de Pintura Valenciana, con tendencias flamencas e italianas, en la que destacaron artistas como Lluís Dalmau, Gonçal Peris y Rodrigo de Osona. También destacaron en la región escultores como Damián Forment.

El arte religioso también experimentó un auge durante el siglo XV, con la producción de retablos, pinturas y esculturas que adornaban iglesias y capillas en toda la región.

El siglo XVI

Tras la unión dinástica de los reinos de Aragón y Castilla mediante el matrimonio de Isabel I de Castilla y Fernando II de Aragón en 1469, la Corona de Aragón se convirtió en una potencia mediterránea de primer orden. El Reino de Valencia, con su ubicación estratégica en la costa este de la península ibérica, desempeñó un papel crucial en la expansión marítima y comercial de la corona, facilitando el comercio con el Mediterráneo y más allá.

La integración en la Corona de Aragón trajo consigo importantes cambios institucionales y administrativos en el Reino de Valencia. Se establecieron nuevas instituciones y se promulgaron leyes que regulaban la vida política, económica y social de la región.

Desde los últimos años de la Reconquista, el reino de Valencia había seguido las directrices marcadas por Aragón, y desde la unión de los Reyes Católicos, los de toda la península unida. Sin embargo, en el reinado de Carlos I esta región opondrá cierta resistencia al monarca, que culminará en la Guerra de las Germanías.

La sociedad valenciana estaba dividida en distintas clases sociales, desde la nobleza y el clero hasta los campesinos y los artesanos. Las tensiones entre estas clases sociales a menudo desembocaban en conflictos y revueltas, especialmente en el campo, donde los campesinos luchaban por mejores condiciones de trabajo y una mayor participación en los beneficios de la tierra. Además, siempre había habido tirantez entre los nobles y los plebeyos de la capital y villas de realengo. Los plebeyos estaban desunidos y eran débiles, pero Carlos I les dio ocasión de unirse y encuadrarse. En 1520 les confirma la autorización por Fernando el Católico para defenderse de los piratas argelinos y además estimular la organización de estas milicias, que recibieron el nombre de germanías o hermandades. Comenzaron a actuar al dirigir al rey un memorial en el que exponían los agravios recibidos por la nobleza y pedían el nombramiento de jurados del pueblo. Carlos I no accedió a esta petición y los agermanados lo consiguieron por sí mismos. A partir de este momento, ensoberbecidos por su triunfo se dedicaron a producir alborotos, algunos tan grandes, que el virrey de Valencia tuvo que abandonar la ciudad. Junto a él se reunieron muchos nobles, con los cuales comenzó a organizar fuerzas para restablecer la autoridad.

La lucha entre ambas facciones comenzó muy pronto. Los agermanados eran dueños de la capital y de todas las villas de realengo. El virrey, con tropas de Castilla, logró varias victorias, por lo que la «Junta de los Trece» capituló y se disolvió. Carlos I emprendió una represión muy dura que se prolongó durante bastante tiempo. Muchos comprometidos fueron ajusticiados. Esta misión correspondió a Germana de Foix a quien en 1523 Carlos nombró lugarteniente General del reino de Valencia.

La Guerra de las Germanías significó la caída del feudalismo y el triunfo de la realeza.

Además de los conflictos sociales, el siglo XVI también fue un período de intensa actividad política y militar en la región valenciana, que estuvo involucrada en numerosos conflictos internos y externos, incluyendo las guerras de Italia y las guerras de religión que asolaron Europa durante ese período. Valencia fue objeto de ataques por parte de potencias extranjeras como Francia y el Imperio otomano, lo que provocó un clima de inseguridad y temor entre la población.

Hubo varios momentos de crisis por diversas causas a lo largo del siglo. En 1517 la ciudad de Valencia sufrió uno de los mayores desbordamientos del río Turia y al año siguiente se volvió a declarar una epidemia de peste que se cobró innumerables vidas. En 1521, en medio de la revuelta de las Germanías, se asaltó violentamente la morería de Valencia.

A causa de los ataques de los piratas turco-argelinos contra la costa mediterránea y por la desviación de la economía mundial hacia el Atlántico, tras el descubrimiento de América, la importancia de la región valenciana en el conjunto de la península fue decayendo en parte.

Uno de los acontecimientos más destacados del siglo XVI en la región valenciana fue la llegada de la Reforma protestante y la posterior Contrarreforma impulsada por la Iglesia católica. La Reforma encontró seguidores entre la población valenciana, especialmente entre los sectores más humildes y desfavorecidos de la sociedad, que veían en las nuevas doctrinas religiosas una oportunidad para cuestionar el poder establecido y buscar una mayor igualdad y justicia social.

Sin embargo, la Reforma también encontró una feroz oposición por parte de las autoridades eclesiásticas y civiles, que veían en ella una amenaza para la unidad religiosa y política del reino. La Inquisición española persiguió a los herejes y disidentes religiosos, utilizando métodos violentos y coercitivos para reprimir cualquier forma de disidencia. La Contrarreforma, por su parte, buscaba restaurar la ortodoxia católica y reafirmar el poder de la Iglesia en la sociedad española, promoviendo la devoción religiosa y la moralidad pública.

El siglo XVI también fue un período de gran prosperidad económica para Valencia y su región. La agricultura seguía siendo la principal fuente de riqueza, con la producción de naranjas, arroz, uvas y seda como principales cultivos. La introducción de nuevas técnicas de cultivo y la expansión de la irrigación contribuyeron a aumentar la productividad agrícola y a mejorar las condiciones de vida de la población rural.

Además de la agricultura, el comercio desempeñó un papel importante en la economía valenciana del siglo XVI. La ciudad de Valencia se convirtió en un próspero centro comercial, con un floreciente mercado de productos locales y una intensa actividad mercantil con otros puertos del

Mediterráneo. La ruta comercial entre Valencia y Génova se convirtió en una de las más importantes de Europa, facilitando el intercambio de mercancías entre el norte de Europa, el Mediterráneo oriental y el norte de África.

El auge económico de la zona en el siglo XVI se vio impulsado por el desarrollo de nuevas industrias y manufacturas. La producción de seda experimentó un notable crecimiento, con la introducción de nuevas variedades de gusanos de seda y la mejora de las técnicas de tejido. La seda valenciana se convirtió en un artículo de lujo muy apreciado en toda Europa, lo que contribuyó a la creciente prosperidad de la región.

En el ámbito cultural, durante el siglo XVI siguió siendo importante centro cultural y artístico. Sin embargo, la lengua valenciana sufrió un claro retroceso. Dejó de ser la lengua de cultura, siendo reemplazada por el latín, lengua internacional de la minoría selecta, hora en la que escribieron los erasmistas valencianos. La lengua autóctona de Valencia, sin corte real ni aristocracia que la sostuviera y con una burguesía arruinada tras las Germanías, no se pudo adaptar a la nueva coyuntura sociocultural y se degradó rápidamente.

Los escritores destacados de la región empezaron a utilizar el castellano en sus escritos. Una figura influyente en el mundo literario del siglo XVI fue el librero y editor Juan de Timoneda, que publicó obras en casi todos los géneros. Protegió a Lope de Rueda e hizo triunfar el teatro castellano, que tuvo en Valencia uno de sus mejores locales permanentes en el corral de la Olivera. Gaspar Gil Polo y Gaspar Mercader fueron otros de los muchos literatos valencianos destacados del momento.

Hubo grandes pintores, influidos por las corrientes artísticas italianas, especialmente la escuela de Toscana, que desarrollaron un estilo sincrético al combinarlo con su propia sensibilidad local. La arquitectura renacentista también dio buenos ejemplos, como el Hospital de los Reyes Católicos de Valencia. Y la música produjo asimismo compositores destacados como Juan Bautista Comes o Vicente Rodríguez Monllor, que desarrollaron nuevas composiciones musicales como la villanesca, el madrigal o la tonadilla.

El siglo XVII

En el ámbito político, el siglo XVII estuvo dominado por la lucha entre las grandes potencias europeas por el control de los territorios españoles. El Reino de Valencia, al igual que el resto de España, se vio envuelto en las guerras que enfrentaron al Imperio Español con potencias como Francia, Inglaterra y los Países Bajos. Estos conflictos tuvieron un impacto significativo en la región, provocando devastación, pérdida de vidas y cambios en el gobierno local.

Otro aspecto importante del siglo XVII en la región fue la consolidación del poder de la monarquía absoluta. Durante este período, los reyes españoles ejercieron un control cada vez mayor sobre los asuntos internos de la región, limitando la autonomía de las instituciones locales y centralizando el gobierno en Madrid. Este reforzamiento del poder real tiene su prueba en que las las aristocráticas Cortes forales valencianas se convocaron por última vez en 1645.

Durante la Guerra de Cataluña, Valencia apoya al gobierno central de Felipe IV con tropas y con fondos, llevando a la región a período de penuria económica temporal.

El acontecimiento más importante del siglo fue, sin duda, la expulsión de los moriscos. El bando de expulsión se hizo público en 1609. En él se ordenaba a los moriscos y a los judíos que en el plazo de tres días salieran de sus lugares de residencia con sus mujeres e hijos para dirigirse a los puertos que los comisarios les ordenasen, donde les esperaban las galeras y los navíos que les conducirían a Berbería, y se advirtió que los que no cumpliesen esta orden serían condenados a la pena de muerte. Se hicieron algunas excepciones para que algunos campesinos enseñaran a los nuevos pobladores sus procedimientos de cultivo.

Hubo movimientos de protesta y rebeldía, refugiándose muchos en los montes, dispuestos a no embarcar. Las tropas reales ejercieron la represión y mataron a 2 000 rebeldes.

La expulsión de los moriscos —más numerosos en la región que en el resto del España— trajo como consecuencia la pérdida para Valencia de una porción considerable de gente laboriosa y barata y una gran crisis en la agricultura por falta de brazos para el trabajo del campo. Con la marcha de los sefarditas se perdieron también capitales y activos económicos.

En el ámbito social, el siglo XVII fue un período de grandes cambios en la región. La sociedad feudal y estamental de la Edad Media se vio reemplazada por una sociedad cada vez más capitalista y mercantil. La emergencia de una nueva clase de comerciantes y empresarios cambió la estructura social de la región, dando lugar a nuevas formas de organización y relaciones laborales.

El momento álgido de la economía valenciana corresponde al reinado de Felipe III, durante el cual aumentó considerablemente el número de habitantes, y por su riqueza se transformó en la tercera capital de España, después de Sevilla y Granada. En un momento crucial (alrededor de 1600), el Reino de Valencia pudo —como Cataluña, y gracias a su autonomía aduanera y monetaria— quedar al margen de la gran depresión económica que marcó profundamente a la sociedad castellana. La región pudo así llegar a ser más tarde, en el siglo XVIII, la más dinámica del conjunto español.

Durante este periodo la región se convirtió en un importante centro de comercio mediterráneo, facilitando el intercambio de bienes y mercancías entre Europa, África y Asia. Ciudades como Valencia, Alicante y Castellón prosperaron gracias al comercio marítimo y al florecimiento de industrias como la cerámica, la alfarería y la fabricación de textiles.

Sin embargo, este crecimiento económico también estuvo marcado por la desigualdad social y la explotación de los trabajadores. A medida que aumentaba la riqueza de los terratenientes y comerciantes, muchos campesinos y obreros enfrentaban condiciones de vida precarias y salarios bajos. Este desequilibrio económico contribuyó a la creciente descontento social y a las tensiones políticas que caracterizaron la época.

Al mismo tiempo, el siglo XVII también fue testigo de un resurgimiento del fervor religioso en el reino. El catolicismo desempeñó un papel central en la vida cotidiana de la gente, y la Iglesia ejerció una influencia significativa en todos los aspectos de la sociedad. La Contrarreforma católica, impulsada por el Concilio de Trento, reforzó la autoridad de la Iglesia y promovió una renovación espiritual entre los fieles, fomentando la devoción religiosa y la piedad popular.

El arte y la cultura también florecieron. La región fue el hogar de una vibrante escena artística y literaria, con la aparición de destacados artistas, escritores y pensadores. El teatro destacó especialmente, con autores como Guillén de Castro, Gaspar Aguilar, Carlos Boyl, Andrés Rey de Artieda o Cristóbal de Virués.

La arquitectura barroca, con sus exuberantes decoraciones y monumentales edificios religiosos, dominó el paisaje urbano de ciudades como Valencia y Alicante. Grandes pintores como José de Ribera dejaron una impresionante obra artística que aún se puede apreciar en museos y galerías de la región.

El siglo XVIII

En 1700, con la muerte de Carlos II, el último monarca de la Casa de Habsburgo, se desató la Guerra de Sucesión española, que tuvo un impacto significativo en el Reino de Valencia.

Durante la Guerra de Sucesión, la península se vio dividida entre partidarios del archiduque Carlos de Austria y partidarios de Felipe V de Borbón, quien finalmente se alzó con la corona y estableció la dinastía Borbón en España. Esta guerra dejó la región devastada y marcó el comienzo de una nueva era bajo el dominio de los Borbones.

Valencia se declaró partidaria del pretendiente austriaco y, por esto, la guerra de Sucesión española fue funesta para los valencianos. Durante esos momentos hubo desórdenes en todo el reino, la región fue teatro de muchas batallas y la guerra tomó caracteres de guerra civil. La ciudad de Valencia resistió el asedio durante dieciséis meses, evitando varios intentos de ataque. El conflicto acabó con el triunfo definitivo de Felipe V sobre los austracistas en la Batalla de Almansa (1707), firmándose los tratados de Utrecht en 1713. Felipe V, por la oposición que había encontrado en este reino, privó a Valencia de su autonomía, cortes y fueros. Mediante los Decretos de Nueva Planta desmanteló las instituciones de gobierno del Reino de Valencia como haría después con las de los demás reinos de la Corona de Aragón, igualándolas con las del reino de Castilla. El reino quedó dividido en trece gobernaciones o corregimientos.

Con la llegada de los Borbones, la región valenciana experimentó una serie de reformas administrativas y políticas destinadas a centralizar el poder en Madrid y fortalecer el control del gobierno sobre las provincias. Se establecieron nuevas instituciones y se promulgaron leyes que afectaron la vida política y económica de la región. Sin embargo, estas reformas también encontraron resistencia por parte de aquellos que defendían los privilegios locales y regionales.

En el ámbito económico, la agricultura seguía siendo la principal actividad económica, con la producción de naranjas, arroz, uvas y seda como principales cultivos. Sin embargo, se produjeron avances en técnicas agrícolas (canalización de las agua fluviales y desecación de zonas pantanosas) y se introdujeron nuevas prácticas, como la rotación de cultivos y el uso de fertilizantes, que ayudaron a aumentar la productividad y mejorar los rendimientos. También se roturaron zonas improductivas y se abancalaron las laderas de las montañas.

El comercio floreció gracias a la actividad de puertos marítimos, como Valencia y Alicante. El comercio marítimo permitió a la región comerciar con otras partes de España y con países extranjeros, lo que contribuyó a su prosperidad económica. Sin embargo, el comercio también estaba sujeto a regulaciones y restricciones impuestas por el gobierno central.

La sociedad, como hemos dicho, seguía siendo predominantemente agraria. Sin embargo, también había una creciente clase media compuesta por comerciantes, artesanos y profesionales liberales. Esta clase media tenía aspiraciones de movilidad social y buscaba mejorar su estatus económico y social.

A medida que avanzaba el siglo XVIII, Valencia se vio cada vez más influenciada por las ideas de la Ilustración, un movimiento intelectual que promovía la razón, la libertad y el progreso. Los pensadores ilustrados de la región abogaban por reformas políticas y sociales que ampliaran la participación ciudadana y promovieran el bienestar común. Entre ellos destacaron Gregorio Mayáns y Vicente Salvá. Así es que el siglo XVIII fue un período de florecimiento cultural en la región. A pesar de las dificultades económicas y políticas, la región siguió siendo un centro de actividad cultural y artística. Se fundaron academias y sociedades literarias que promovían la educación y el intercambio de ideas. Además, se construyeron teatros, bibliotecas y museos. Sin embargo, estas ideas ilustradas también encontraron resistencia por parte de aquellos que se aferraban al *statu quo* y temían los cambios que podrían traer consigo.

En el ámbito educativo, el siglo XVIII vio la expansión de la educación pública y la fundación de escuelas y universidades en toda la región. Estas instituciones educativas proporcionaban educación básica a niños y niñas de todas las clases sociales, así como formación superior en áreas como la filosofía, la teología y las ciencias. La educación se consideraba un medio para el progreso social y económico, y se alentaba a las personas a buscar el conocimiento y la formación.

En el terreno literario el florecimiento intelectual de la ilustración en Valencia tuvo lugar en los órdenes científicos y eruditos. Pero para el consumo del pueblo llano se escribieron *coloquis* y *romanços* en valenciano, cómo testimonio de una forma de vida opuesta la castellanización ya afrancesamiento. Autores importantes de esta corriente fueron Carlos Ros y Luis Galiana.

Uno de los aspectos más destacados de la cultura valenciana en el siglo XVIII fue su arquitectura. Se construyeron numerosos edificios públicos y privados en diferentes estilos arquitectónicos, desde el barroco hasta el neoclásico. Un gran ejemplo es el Palacio del Marqués de Dos Aguas, de Valencia, de estilo rococó, con una impresionante fachada. Estos edificios reflejaban la riqueza y el poder de la élite local, así como los avances en ingeniería y diseño arquitectónico.

En pintura, tenemos la egregia figura de Vicente López Portaña, pintor de cámara del rey, que creó un estilo extremadamente elegante y refinado de retratos.

EL SIGLO XIX

Desde las convulsiones de la Guerra de la Independencia hasta la agitación política y social que marcó el final del siglo, la Comunidad Valenciana experimentó una serie de transformaciones que definieron su identidad y configuraron su futuro.

El siglo XIX comenzó con el impacto devastador de la invasión francesa. La región sufrió enormemente durante esta guerra, con la presencia de tropas extranjeras, saqueos, hambre y epidemias. Sin embargo, la resistencia popular contra la ocupación francesa también tuvo un papel destacado, con la participación de guerrillas locales que lucharon contra las fuerzas invasoras.

Valencia fue de las últimas ciudades de la península en caer bajo el poder francés. El pueblo valenciano forzó a la Junta suprema del Gobierno del reino de Valencia a declarar la guerra. El general Monsey atacó la plaza y exigió la rendición. Veinte mil valencianos se aprestaron a la defensa y consiguieron rechazar al invasor. Valencia resistió hasta su conquista por el mariscal Suchet en 1812. José I, el rey francés, trasladó su capital a Valencia.

Tras la expulsión de las tropas napoleónicas, España se vio inmersa en un período de inestabilidad política conocido como el Trienio Liberal (1820-1823), durante el cual se promulgaron una serie de reformas liberales que afectaron a la región. Sin embargo, esta breve experiencia liberal fue seguida por la restauración absolutista y la vuelta al poder de Fernando VII, lo que significó un retroceso en los avances políticos y sociales logrados durante el trienio.

La región valenciana experimentó una creciente polarización entre liberales y absolutistas, con episodios de violencia política y conflictos armados. La sociedad valenciana se dividió entre aquellos que abogaban por reformas liberales y quienes defendían el orden establecido y el absolutismo monárquico. Esta división se reflejó en la Primera guerra carlista (1833-1840), un conflicto que enfrentó a los partidarios del pretendiente carlista, Carlos María Isidro, con los defensores del gobierno liberal de Isabel II. Durante esta guerra carlista, la provincia de Castellón fue uno de los principales refugios de los guerrilleros carlistas.

La segunda mitad del siglo XIX estuvo marcada por importantes transformaciones políticas. La Revolución de 1868, conocida como la «Gloriosa», derrocó a la reina Isabel II y llevó al poder a un gobierno provisional que proclamó la constitución de 1869 y estableció un régimen liberal. Esta revolución tuvo un gran impacto en la sociedad valenciana, ya que significó el fin del régimen absolutista y la apertura hacia un sistema político más democrático y participativo.

El advenimiento de la Primera República española en 1873 también tuvo repercusiones en la zona, donde se vivieron intensas luchas políticas y sociales entre republicanos, liberales y conservadores. Durante este período, se promulgaron una serie de reformas progresistas, como la abolición de los señoríos y la secularización de los bienes eclesiásticos, que tuvieron un impacto significativo en la estructura social y económica de la región.

Durante la Revolución cantonal se constituyó el Cantón Federal de Valencia, al que se unieron muchos municipios próximos. Su duración fue breve. La inestabilidad de la Primera República española llevó finalmente al restablecimiento de la monarquía y al advenimiento de la Restauración borbónica en 1874. Bajo el reinado de Alfonso XII y, posteriormente, el de Alfonso XIII, se restauró el orden monárquico y se consolidó un sistema político basado en el turnismo entre liberales y conservadores.

La Restauración borbónica supuso un período de relativa estabilidad política y crecimiento económico para Valencia, con la modernización de la agricultura, la industria y la infraestructura. La construcción de obras públicas, como carreteras, puertos y ferrocarriles, estimuló el desarrollo económico y facilitó la conexión de la región con el resto de España y Europa.

La división territorial también sufrió cambios y numerosas pedanías en situación ambigua pasaron a ser municipios. La ciudad de Valencia dobló su población durante el siglo al absorber municipios cercanos.

En la primera mitad del siglo la agricultura seguía siendo el principal motor económico de la región, con cultivos como la naranja, el arroz, el almendro y la vid que se exportaban a otras regiones de España y al extranjero. La introducción de nuevas técnicas agrícolas y la expansión de los cultivos comerciales, como la naranja y el arroz, contribuyeron al crecimiento económico de la región. Además, la llegada del ferrocarril a mediados de siglo facilitó el transporte de mercancías y estimuló el comercio y la industria.

Sin embargo, el sistema de propiedad de la tierra, basado en el latifundismo y el minifundismo, generaba importantes injusticias sociales y económicas. La sociedad valenciana seguía siendo profundamente desigual, con una gran brecha entre ricos y pobres. Los trabajadores agrícolas y los obreros industriales vivían en condiciones de extrema pobreza y explotación, mientras que los terratenientes y empresarios se beneficiaban del crecimiento económico. Esta desigualdad social alimentó el descontento y la agitación política, especialmente entre las clases trabajadoras.

A finales del siglo XIX, la Comunidad Valenciana experimentó un auge en la industrialización y la urbanización, especialmente en ciudades como Valencia, Alicante y Castellón. La industria textil, la cerámica, el mueble y la metalurgia se convirtieron en sectores económicos clave, atrayendo a miles de trabajadores del campo y fomentando la formación de una clase obrera urbana. Pero este crecimiento económico no estuvo exento de problemas sociales, como la explotación laboral, las malas condiciones de trabajo y la creciente desigualdad entre ricos y pobres. Los movimientos obreros y sindicales comenzaron a organizarse en la región, exigiendo mejoras salariales, jornadas laborales más cortas y condiciones de trabajo más seguras.

El siglo XIX fue un período de florecimiento cultural y artístico en la región de Levante. Valencia fue un foco autónomo de romanticismo con la Academia de Apolo y autores como Juan Arolas. A partir de los años sesenta, la región se unió a la *Renaixença* cultural, con figuras destacadas como Teodoro Llorente y Vicente Wenceslao Querol, que comenzaron a escribir poemas en lengua vernácula describiendo la región. Se hicieron especialmente populares los Juegos Florales organizados por la sociedad valencianista *Lo Rat Penat*. También floreció el teatro costumbrista en valenciano. Autores como Constantí Llombart y otros promovieron la lengua valenciana reforzando la identidad regional.

En pintura destacó por sus estampas populares el impresionista Joaquín Sorolla. El arquitecto modernista Demetrio Ribes dejó obras magníficas, como la Estación del Norte de Valencia. En música se ha de mencionar la figura de Salvador Giner, experto en fusionar elementos folclóricos con técnicas modernas de composición. También se ha de indicar que en esta época florecieron las bandas de música en muchas localidades de la región, que popularizaron un repertorio musical valenciano que perdura hasta el presente.

El siglo XX

Los primeros años del siglo se caracterizaron por la emigración valenciana hacia Argelia y los Estados Unidos, como consecuencia de una importante crisis en el campo, debida a diversas plagas.

Durante la Segunda República española se hicieron propuestas para conseguir un Estatuto de Autonomía para la región, pero no llegaron a cristalizar, aunque en 1936 se creó el Comité Ejecutivo Popular de Valencia, una especie de gobierno regional.

La Guerra civil española dejó una profunda impronta en la Comunidad Valenciana, pues la región fue escenario de importantes batallas, como la Batalla de Teruel, y sufrió la represión del bando franquista durante y después del conflicto. Muchos valencianos lucharon en las filas republicanas.

En octubre de 1937, el gobierno se trasladó a Valencia, que se convirtió en las capital de la España republicana. Las provincias de Valencia y Alicante fueron de las últimas en caer bajo el régimen franquista en 1939.

La posguerra estuvo marcada por la represión política y lingüística, la censura y la persecución de disidentes. Pero durante la dictadura de Franco, la Comunidad Valenciana experimentó un rápido crecimiento económico, especialmente en sectores como la agricultura, la industria textil y la construcción. Ciudades como Valencia, Alicante y Castellón se expandieron, y se construyeron infraestructuras importantes, como carreteras, puertos y aeropuertos. Sin embargo, este desarrollo económico estuvo acompañado de una fuerte represión política y cultural. El idioma valenciano fue prohibido en las instituciones públicas, y se impuso el castellano como única lengua oficial.

La muerte de Franco en 1975 marcó el inicio de un periodo de transición hacia la democracia en España y Valencia y su región jugaron un papel importante en este proceso, con la celebración de elecciones democráticas en 1977 y la creación de partidos políticos regionales. El surgimiento del nacionalismo valenciano y la reivindicación de la identidad cultural fueron aspectos clave de esta época.

El de 1981 fue un año conflictivo, debido al intento fallido de golpe de Estado que intentó el capitán general Milans del Bosch, que tomó la ciudad de Valencia con carros de combate.

El Estatuto de Autonomía de 1982 otorgó a la Comunidad Valenciana un mayor grado de autonomía política y administrativa, reconociendo el valenciano como lengua cooficial junto al castellano. En 1987 se aprobó una ley —complementada en 2006, ya en nuestro siglo— en que se declaraba a la Comunidad cono nacionalidad histórica, a semejanza de otras del territorio español.

La población de la región levantina se triplicó durante el siglo XX y Valencia se estableció como la tercera capital de España en número de habitantes. La industrialización y el desarrollo económico atrajeron a trabajadores de otras regiones de España, principalmente Castilla, Andalucía y

Aragón, así como a inmigrantes de países extranjeros. Esto llevó a una mayor diversidad étnica y cultural, pero también a tensiones sociales y conflictos.

Durante el tardofranquismo la zona comenzó a dinamizarse económicamente y a la tradicional agricultura se le sumó la industria, con la creación de muchas pequeñas y medianas empresas.

La gran riada de Valencia de 1957 tuvo graves consecuencias económicas, que obligaron a la ciudad a desviar el cauce del río Turia para evitar posibles futuras inundaciones.

El periodo de estabilidad política que trajo la democracia permitió un mayor desarrollo económico y social en la Comunidad Valenciana. La región se convirtió en un importante destino turístico, con la construcción de complejos hoteleros en la costa y la promoción del turismo cultural en ciudades como Valencia y Alicante. La industria automotriz, la cerámica y el mueble también experimentaron un crecimiento significativo.

Sin embargo, este desarrollo económico no estuvo exento de problemas. La especulación inmobiliaria, el turismo masivo y la falta de planificación urbana llevaron a problemas medioambientales y sociales, como la degradación de la costa y la saturación de infraestructuras.

El siglo pasado fue también un periodo de efervescencia cultural y social en la Comunidad valenciana. El renacimiento del idioma valenciano y la promoción de la cultura regional fueron aspectos destacados de esta época. Se crearon instituciones culturales, como la Acadèmia Valenciana de la Llengua y se promovió la literatura, la música y el arte en valenciano.

En otro orden de cosas, la gastronomía valenciana también ha ganado reconocimiento a nivel nacional e internacional, con platos tradicionales como la paella, la horchata y los buñuelos que se han convertido en símbolos de la identidad culinaria de la región. Además, se ha promovido el turismo cultural y se han creado rutas y circuitos para que los visitantes puedan explorar la riqueza cultural y artística de la Comunidad Valenciana.

CRONOLOGÍA

-202 Tras la victoria romana en la Segunda guerra púnica todo el litoral valenciano queda sometido a la autoridad de Roma.

-138 Fundación de Valentia Edetanorum.

-75 Destrucción de la ciudad durante la guerra.

304 Martirio de San Vicente.

413 Los visigodos ocupan Valencia.

554 Invasión bizantina.

625 Expulsión de los bizantinos.

711 Conquista musulmana de la península.

714 Los moriscos ocupan Valencia.

779 La ciudad de Valencia se rebela y es destruida por Abderramán I.

1009 Valencia [Balansiya] se convierte en una taifa tras la caída del Califato de Córdoba.

1011 Reinado de Mubárak y Muzzafar.

1019 Reinado de Labib.

1021 Reinado de Abd al-Aziz.

1061 Reinado de Abd al-Málik ben Abd al-Aziz al-Mansur Modafar.

1064 Incorporación de la taifa de Balansiya al reino de Toledo.

1065 Fernando I de Castilla ataca la ciudad de Balansiya, pero se retira sin haber conseguido conquistarla.

1075 Reinado de Abu Bakr ben Abd al-Aziz.

1085 Reinado de Al-Cádir.

1092 Reinado de Yafar ben Abd Allah ben Yahaf.

1097 Entrada del Cid en Valencia.

1099 Muerte del Cid.

1102 La familia del Cid abandona Valencia. Conquista de la ciudad por los almorávides.

1145 Revuelta hispano-árabe contra los almorávides.

1147 La taifa queda dependiente de la taifa de Murcia.

1171 Conquista de Balansiya por los almohades nortea-
       fricanos.
1228 Reinado de Zayyan ibn Mardanish.
1238 Conquista de la ciudad por Jaime I. Consagración de
       la Catedral.
1239 Reinado de Jaime I «el Conquistador». Incorpora-
       ción del reino de Valencia a la Corona de Aragón.
1244 La Corona de Castilla conquista las partes central y
       sur de la provincia de Alicante.
1251 Se crean los Fueros de Valencia (*Els Furs*) que años
       después se hacen extensivos al resto del Reino de
       Valencia.
1276 Reinado de Pedro III «el Grande».
1285 Reinado de Alfonso I «el Franco».
1291 Reinado de Jaime II «el Justo».
1304 Alicante pasa formar parte del Reino de Valencia.
1327 Reinado de Alfonso IV «el Benigno».
1336 Reinado de Pedro IV «el Ceremonioso».
1348 Epidemia de peste negra en la región.
1356 Se inicia la Guerra de los Dos Pedros.
1363 Ataque del reino de Castilla.
1372 Inicio de la conquista de Córcega.
1377 Doble consagración de la ciudad de Valencia.
1387 Reinado de Juan I «el Cazador».
1391 Ataque a la judería.
1396 Reinado de Martín I «el Humano».
1407 Se abre el primer banco en Valencia.
1412 Reinado de Fernando I de Antequera.
1416 Reinado de Alfonso V «el Magnánimo».
1424 Se traslada el Santo Cáliz a la Catedral de Valencia.
1449 Se emplea por vez primera la Senyera en forma ce-
       remonial.
1456 Asalto a la morería de Valencia.
1458 Reinado de Juan II «el Grande».
1460 Joanot Martorell escribe *Tirant lo Blanch*.
1474 Se imprime en Valencia el primer libro literario:
       Obres i trobes en lahors de la Verge Maria.
1479 La Corona de Aragón se une a Castilla. Reinado de
       Fernando II «el Católico».

1502 Fundación de la Universidad de Valencia.
1516 Reinado de Carlos I «el Emperador».
1519 Epidemia de peste. Rebelión de las Germanías.
1522 Fin de la rebelión de las Germanías.
1566 Reinado de Felipe II «el Prudente».
1591 Creación de la Academia de los Nocturnos.
1598 Reinado de Felipe III «el Piadoso».
1609 Expulsión de los moriscos y judíos.
1613 Bancarrota de la Taula de Canvis.
1619 Fundación en Valencia de la *Gazeta de Valencia*, el primer periódico de España.
1621 Reinado de Felipe IV «el Grande».
1640 Sublevación de Cataluña.
1652 Construcción de la basílica de la Virgen.
1652 Fin de la sublevación de Cataluña.
1665 Reinado de Carlos II «el Hechizado».
1702 Inicio de la Guerra de Sucesión.
1707 Batalla de Almansa. Promulgación de los Decretos de Nueva Planta y derogación de los Fueros.
1709 Fin de la Guerra de Sucesión.
1808 Primera batalla de Valencia en la Guerra de la Independencia.
1812 Caída de la ciudad en manos del mariscal Suchet. José I traslada a Valencia a la capital de España.
1833 Estructuración de la región en provincias (Valencia, Castellón de la Plana y Alicante).
1837 Desamortización eclesiástica. Se funda *El Mole*, el primer periódico de España en lengua no castellana.
1840 Introducción de la iluminación con gas.
1846 Fundación de la Sociedad Valenciana de Aguas Potables.
1850 Instalación de la red de agua potable.
1858 Diseño del Proyecto General del Ensanche de la Ciudad de Valencia.
1866 Derribo de las antiguas murallas de la ciudad a fin de facilitar la expansión urbana de la misma.
1873 Revolución cantonal. Establecimiento del cantón federal de Valencia (proclamado el 19 de julio y disuelto el 7 de agosto).

1878 Se instala en Valencia el primer teléfono de España.
1879 Creación del Ateneo Mercantil de Valencia.
1882 Introducción de la energía eléctrica.
1894 Fundación del Círculo de Bellas Artes de Valencia.
1885 Epidemia de cólera en la región. Se funda la Sociedad Valenciana de Tranvía, que unirá en su primera línea Valencia con Liria.
1900 Fundación del Banco de Valencia.
1909 Exposición regional valenciana. El maestro José Serrano compone el *Himno de la Exposición*, con letra de Maximiliano Thous.
1919 Se sugiere el proyecto de la Mancomunidad Valenciana.
1921 Finalización de la estación Norte de ferrocarril.
1936 Valencia se convierte en la capital de la España republicana, con Francisco Largo Caballero como presidente del gobierno.
1936 Se crea el Comité Ejecutivo Popular de Valencia.
1937 En mayo, el gobierno pasa a manos de Negrín. En octubre se traslada el gobierno a Barcelona. Primer bombardeo oficial sobre la ciudad de Valencia.
1957 Se produce la gran riada de Valencia.
1968 Fundación de la Universidad Politécnica de Valencia.
1982 Constitución oficial de la Comunidad Valenciana, con Valencia como capital, y se redacta el Estatuto de Autonomía.
1986 La Albufera se declara como primer parque natural de la Comunidad Valenciana.
1988 Inauguración del Metro de Valencia.
1996 La Lonja de la Seda se declara patrimonio de la humanidad.
2001 Creación de la Academia Valenciana de la Lengua.
2006 Trágico accidente en el Metro de Valencia.
2009 El Tribunal de las Aguas se declara patrimonio Cultural Inmaterial de la humanidad.
2016 Las fallas se declaran patrimonio Cultural Inmaterial de la humanidad.

GALERÍA DE
VALENCIANOS ILUSTRES

Las personalidades señeras de la región han sido tantas
lo largo de la historia que es imposible reseñarlas incluso
de la forma más breve. Pero en este apartado hemos que-
rido recordar a algunas, a modo de ejemplo, de las que han
destacado en su condición o actividad. Hemos elegido a
una treintena de representantes de la Iglesia, a científicos y
a filósofos, así como a artistas de toda índole, aun sabien-
do que muchos hijos ilustres del Reino de Valencia iban
a quedar injustamente omitidos, que no ignorados. Valga
esta selección como una muestra de todo lo bueno que los
hombres del Levante español han ofrecido al mundo.

Alejandro VI

Rodrigo de Borja y Borja es una figura que ha dejado una huella profunda en la historia del papado y de la Iglesia católica. Nació en 1431 en Játiva. Fue elegido como papa en 1492, asumiendo el pontificado bajo el nombre de Álejandro VI. Su pontificado, que duró hasta su muerte, en 1503, se caracterizó por una serie de controversias y escándalos, pero también por importantes logros políticos y religiosos.

Uno de los aspectos más polémicos del papado de Alejandro VI fue su papel en algunos procesos de corrupción dentro de la Iglesia. Durante su pontificado, la práctica de la simonía (venta de cargos eclesiásticos) y el nepotismo (favoritismo hacia los familiares en la asignación de cargos) alcanzaron niveles sin precedentes. Alejandro VI nombró a varios de sus hijos ilegítimos para puestos de poder dentro de la Iglesia, lo que provocó críticas e hizo que se cuestionasen su ética y moralidad.

Además de la corrupción, el papado de Alejandro VI incluyó una serie de escándalos sexuales y amoríos. Se rumoreaba que mantenía relaciones extramatrimoniales con diversas mujeres, incluyendo a Vannozza dei Cattanei, con quien tuvo varios hijos ilegítimos, entre ellos el famoso César Borgia. Esta conducta dio lugar a una serie de críticas y acusaciones de conducta inmoral hacia el pontífice.

Sin embargo, a pesar de sus defectos y controversias, el papado de Alejandro VI fue responsable de importantes logros políticos y religiosos. Uno de los más relevantes fue su papel en la finalización de la Reconquista española y la consolidación del dominio católico en la península ibérica. Alejandro VI otorgó a Fernando II de Áragón y a Isabel I de Castilla el título de «Reyes Católicos» y les concedió permiso para establecer la Inquisición española, que tenía como objetivo eliminar la herejía en España y fortalecer la autoridad de la Iglesia.

Otra consecución importante del papado de Alejandro VI fue su intervención en la división del mundo entre España y Portugal en el Tratado de Tordesillas en 1494. Este tratado, mediado por el papado, estableció una línea de demarcación en el Océano Atlántico que dividía las tierras recién descubiertas entre las dos potencias coloniales. Este reparto, aunque injusto para los pueblos indígenas de América, sentó las bases para la expansión colonial europea en el Nuevo Mundo y ayudó a evitar conflictos entre España y Portugal.

En el ámbito religioso, Alejandro VI también realizó importantes reformas y promovió la renovación espiritual dentro de la Iglesia. Apoyó la predicación de misioneros y la fundación de nuevas órdenes religiosas, como los franciscanos y los dominicos, que desempeñaron un papel esencial en la evangelización de las Américas. Además, convocó el Segundo Concilio de Letrán en 1515, que se centró en la reforma del clero y la moralidad dentro de la Iglesia católica.

Pese a estos logros, el legado de Alejandro VI sigue siendo objeto de debate y controversia hoy en día. Muchos lo censuran por su conducta reprobable, mientras que otros destacan su papel en la promoción de la unidad y la estabilidad en Europa y América.

Carlos Arniches

A Carlos Arniches, destacado comediógrafo español de finales del siglo XIX y principios del siglo XX, se le recuerda por su habilidad para describir la vida cotidiana de la España de su época con humor y sensibilidad. Nació en 1866 en Alicante y se convirtió en uno de los dramaturgos más prolíficos y populares de su tiempo, dejando un legado perenne en el teatro hispano con sus obras ingeniosas y entretenidas.

La infancia y juventud de Carlos Arniches estuvieron llenas de amor por el teatro y la literatura. Era hijo de un comerciante y mostró una aptitud natural para la escritura desde niño. Comenzó a escribir obras de teatro y piezas humorísticas mientras aún estaba en la escuela. Después de completar sus estudios en Alicante, se trasladó a Madrid, donde empezó a trabajar como periodista y a escribir para diversos periódicos y revistas.

Aunque inició su itinerario profesional como escritor de cuentos y artículos periodísticos, Arniches pronto encontró su verdadera vocación como dramaturgo. Su primera obra teatral, *El santo de la Isidra* (1894), fue un triunfo inmediato y le estableció como un talento emergente en el mundo del teatro español. La obra, una comedia de enredos ambientada en Madrid, presentaba personajes pintorescos y situaciones hilarantes que reflejaban la vida cotidiana de la clase trabajadora española.

El comediógrafo desarrolló un estilo distintivo que combinaba el humor ligero y la ironía con una profunda empatía por los personajes y sus circunstancias. Sus obras exploraban una gama de temas, desde el amor y el matrimonio hasta la política y la sociedad, y reflejaban la diversidad y complejidad de la vida española de su época. A través de diálogos ingeniosos y situaciones humorísticas, ofreció una visión lúcida y perspicaz de la naturaleza humana y de la sociedad hispana de su tiempo.

Un obra destacada de Arniches es *Los caciques* (1903), una sátira política que critica la corrupción y el nepotismo en la administración pública. La obra, ambientada en un pueblo de provincias, describe los esfuerzos de un grupo de funcionarios corruptos para mantener su control sobre el poder local. A través de diálogos afilados y situaciones cómicas, Arniches ofrece una crítica mordaz de la clase política hispana y de sus prácticas antidemocráticas.

Aparte de sus obras teatrales, Arniches también trabajó para el cine, colaborando en la escritura de guiones para varias películas mudas. Su experiencia en el teatro se reflejó en su trabajo cinematográfico, que se caracterizaba por la originalidad de sus situaciones cómicas. Aunque no alcanzó la misma notoriedad en el cine que en el teatro, sus contribuciones al mundo del cine español fueron significativas y contribuyeron al desarrollo del mismo en sus primeras etapas.

Arniches recibió gran número de premios y reconocimientos por su trabajo, incluido el Premio Nacional de Literatura en 1927. Su influjo en el teatro español perduró mucho después de su muerte, en 1943, y sus obras se continúan representando y siendo apreciadas por el público actual. Su habilidad para aprehender la vida española con humor y sensibilidad lo convierte en uno de los dramaturgos más importantes y entrañables en la historia del teatro español, y su legado permanece como testimonio de su talento y su genio creativo.

«Azorín»

«Azorín», cuyo nombre real era José Martínez Ruiz, fue uno de los escritores más prominentes y representativos de la generación del 98 en España. Nació en 1873 en Monóvar y falleció en 1967 en Madrid. Su obra literaria abarcó una amplia gama de géneros, incluyendo ensayos, novelas, crónicas y artículos periodísticos, y tuvo un influjo significativo en la literatura española del siglo XX.

El escritor adoptó el seudónimo de «Azorín» en homenaje a un personaje de una novela de su admirado autor francés, George Sand. Desde joven, mostró un notable interés por la cultura, y comenzó a escribir poesía y ensayos en su adolescencia. En 1895, se trasladó a Madrid para estudiar derecho en la Universidad Central, donde entró en contacto con otros escritores y pensadores que formarían parte de la generación del 98, como Pío Baroja, Ramón del Valle-Inclán y Miguel de Unamuno.

Fue precisamente en este contexto intelectual y cultural donde empezó a desarrollar su obra literaria y su pensamiento crítico. Estuvo influido por las corrientes literarias y filosóficas del periodo, como el modernismo, el simbolismo y el existencialismo, y se convirtió en uno de los principales exponentes de la corriente literaria conocida como novecentismo, que buscaba renovar la literatura española a través de una mayor atención a la forma y el estilo.

Su obra se caracteriza por su estilo sobrio y despojado, atención meticulosa a los detalles y capacidad para describir la belleza y la poesía de la vida cotidiana. Sus novelas y ensayos suelen centrarse en temas como la naturaleza, la memoria, el paso del tiempo y la búsqueda de la identidad española, y están escritos en un lenguaje claro y preciso que refleja su interés por la simplicidad y la claridad expresiva.

Uno de los primeros trabajos de importancia de «Azorín» fue *La voluntad* (1902), una novela que narra las aventuras de un joven provinciano que llega a Madrid en busca de nuevas experiencias. A través de los ojos del protagonista, el autor nos ofrece una visión evocadora de la vida en la capital hispana a principios del siglo XX, retratando sus calles, sus habitantes y sus costumbres con una precisión y una sensibilidad excepcionales. La novela, considerada una de las obras maestras de la literatura española moderna, le estableció como uno de los escritores más destacados de su generación y contribuyó a consolidar su reputación como uno de los grandes observadores de la vida española.

Otra obra destacada es *Las confesiones de un pequeño filósofo* (1904), una colección de ensayos que reflexionan sobre una variedad de temas, desde la naturaleza y la belleza hasta las letras y la filosofía. En estos ensayos, el escritor muestra su pericia para combinar observaciones agudas y perspicaces con una prosa elegante y evocadora, creando una obra que invita a la reflexión y a la contemplación de las grandes cuestiones de la existencia.

«Azorín» escribió numerosas novelas y ensayos que exploraban asuntos similares y desarrollaban su estilo particular. Entre sus obras más conocidas se encuentran *La ruta de don Quijote* (1905), una crónica de viaje que sigue los pasos de Cervantes por La Mancha, y *La novela de un literato* (1901), una reflexión sobre la vida y la obra de los escritores.

Además de desempeñar su actividad como escritor, «Azorín» también ejerció como periodista y crítico literario. Escribió numerosos artículos y ensayos para periódicos y revistas del tiempo, en los que analizaba la obra de otros escritores españoles y extranjeros y reflexionaba sobre los grandes temas de la literatura.

Mariano Benlliure

Mariano Benlliure y Gil, uno de los escultores españoles contemporáneos más notorios, nació en 1862 en Valencia, en una familia de artistas. Su padre, Antonio Benlliure Tomás, era escultor y director de la Escuela de Bellas Artes de San Carlos de Valencia, donde Mariano recibiría su formación inicial. Desde joven, mostró una destreza excepcional para la escultura, lo que lo llevó a convertirse en uno de los escultores más reconocidos de su época.

El influjo paterno fue fundamental en su educación estética. Desde muy joven, recibió una formación estética sólida en la Escuela de Bellas Artes de San Carlos, donde se distinguió por su habilidad para esculpir en diferentes materiales, incluyendo madera, mármol y bronce. Durante estos años, desarrolló un estilo propio que combinaba aspectos del realismo con toques de romanticismo y naturalismo.

A medida que avanzaba en su trayectoria artística, Benlliure comenzó a recibir encargos importantes tanto en España como en el extranjero. Sus primeras obras destacadas incluyeron esculturas con temas históricos y mitológicos, que reflejaban su profundo interés por la historia y la cultura clásicas. Su aptitud de trasladar al lienzo la expresión y el movimiento le valió el reconocimiento tanto de críticos como de sus colegas artistas.

Uno de los aspectos más prominentes de la trayectoria profesional de Benlliure fue su capacidad para esculpir monumentos conmemorativos y estatuas ecuestres, que se convirtieron en su especialidad. Sus monumentos se caracterizaban por su realismo y su habilidad para mostrar personalidad y carácter. Entre sus obras más famosas se encuentran el *Monumento a Sagasta* en Madrid, el *Monumento a los Fueros* en Bilbao y el *Monumento a Goya* en Zaragoza.

El estilo de escultura de Mariano Benlliure se caracteriza por su realismo y su atención al detalle. Sus obras están llenas de vida y expresión, con figuras que parecen estar en movimiento y que transmiten una sensación de drama y sentimiento. Benlliure poseía una disposición especial para entender la anatomía humana, así como para crear retratos que transmitían la esencia de los retratados.

En cuanto a su técnica, Benlliure era un maestro del modelado en arcilla y del tallado en mármol. Sus esculturas en bronce también son muy apreciadas por su calidad y acabado. Utilizaba una gran amplitud de herramientas y técnicas para crear sus obras, desde el cincel y el martillo hasta el buril y el torno.

La obra de Benlliure abarca una amplia gama de asuntos y motivos, desde la historia y la mitología hasta la vida cotidiana. Sus monumentos conmemorativos son algunos de sus trabajos más conocidos, pero también creó una serie de esculturas religiosas y obras de arte público.

Uno de los temas recurrentes en su producción es la representación de figuras históricas y culturales, tanto de España como del extranjero. Benlliure dejó una herencia duradera en el mundo del arte hispano y mundial. Su pericia para insertar belleza y sentimiento en sus esculturas lo convirtió en uno de los escultores más respetados de su periodo y su influjo se puede ver en el trabajo de muchos artistas posteriores.

Benlliure también fue un importante defensor del arte público y un activista político. Participó en numerosos proyectos de embellecimiento urbano y fue miembro activo de la vida cultural y política de España durante gran parte de su vida.

Vicente Blasco Ibáñez

Blasco Ibáñez fue uno de los escritores más famosos de la literatura española y uno de los principales exponentes del realismo y naturalismo literario del cambio de siglo. Nació en 1867 en Valencia. Dejó un legado literario inmenso que abarcó novelas, ensayos, obras de teatro y artículos periodísticos. Su obra no solo influyó en la literatura hispana, sino que también tuvo un impacto significativo en la mundial, especialmente en América Latina.

Era de familia acomodada y recibió una educación privilegiada. Estudió leyes en la Universidad de Valencia, pero su verdadera pasión eras las letras. Desde joven, mostró un interés por la escritura y la política, lo que lo llevó a involucrarse en actividades revolucionarias y a fundar periódicos y revistas de contenido progresista.

El escritor empezó su trayectoria literaria componiendo poemas y artículos periodísticos, pero fue con la publicación de su primera novela, *La araña negra* (1892), crítica a los jesuitas, con la que empezó a obtener reconocimiento como escritor.

Sin embargo, fue con la publicación de *Cañas y barro* (1902) con la que alcanzó la fama internacional. Esta novela, considerada una de las obras maestras del realismo hispano, retrata la vida de los habitantes de la Albufera valenciana y aborda temas como la lucha de clases, la corrupción política y la injusticia social.

Otra de sus novelas más célebres es *Los cuatro jinetes del Apocalipsis* (1916), una historia épica ambientada durante la Primera Guerra Mundial que narra las experiencias de una familia francoargentina y sus implicaciones en el conflicto. Esta novela, que fue un éxito de ventas tanto en

España como en el extranjero, se adaptó al cine en diversas ocasiones y contribuyó a consolidar la reputación de Blasco Ibáñez como uno de los grandes escritores de su tiempo. Además de su trayectoria profesional literaria, Blasco Ibáñez también fue un activista político y social comprometido. Participó en movimientos obreros y sindicales y luchó por la justicia social y los derechos humanos. Su compromiso con las causas sociales se refleja en muchas de sus obras, que abordan temas como la pobreza, la desigualdad y la explotación laboral.

También fue un ferviente defensor del republicanismo y de la democracia, y participó activamente en la política española. Obtuvo el acta de diputado en varias ocasiones y desempeñó un papel destacado en la vida política y cultural del país.

En 1923, tras el golpe de Estado de Miguel Primo de Rivera, Blasco Ibáñez se vio perseguido y encarcelado por sus actividades políticas. Ante la creciente represión y la falta de libertades en España, tomó la decisión de exiliarse a Francia, donde vivió hasta su muerte. Durante su exilio, continuó escribiendo y participando en actividades políticas, pero su salud se deterioró rápidamente y falleció en 1928 en la Riviera francesa.

El legado literario de Vicente Blasco Ibáñez es vasto y variado. Aparte de novelas, escribió numerosas obras de ficción y no ficción que abarcan una amplia gama de asuntos y géneros. Su estilo narrativo directo y su compromiso con la verdad histórica y social lo convierten en un autor relevante y actual incluso en la actualidad.

Blasco Ibáñez también es recordado por su defensa de los valores democráticos y su lucha contra la opresión y la injusticia. Su obra se continúa estudiando y admirando por su relevancia social y por su compromiso ético. Muchos de sus libros siguen siendo lecturas obligatorias en los programas educativos de todo el mundo.

La obra de Blasco Ibáñez ha sido objeto de numerosas adaptaciones al cine, la televisión, el teatro y la radio. Sus novelas se han traducido a varios idiomas. Además, se ha homenajeado su figura con monumentos, calles y plazas en varias ciudades españolas y extranjeras.

Nino Bravo

Luis Manuel Ferri fue uno de los cantantes más emblemáticos y queridos de la música hispana. Nació en 1944 en la localidad de Aielo de Malferit y falleció trágicamente en 1973 en un accidente de tráfico. A pesar de su corta vida, Nino Bravo dejó un legado musical que ha llegado hasta el día de hoy, con una voz inigualable y una serie de triunfos que lo convirtieron en una figura destacada en la historia de la música española.

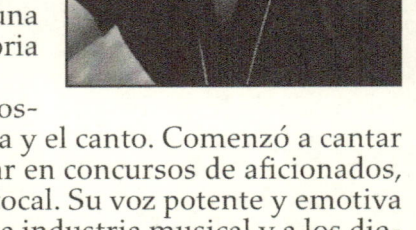

Desde muy joven, Nino mostró gran interés por la música y el canto. Comenzó a cantar en coros locales y a participar en concursos de aficionados, donde demostró su talento vocal. Su voz potente y emotiva pronto llamó la atención de la industria musical y a los diecisiete años decidió trasladarse a Valencia para perseguir su sueño de convertirse en cantante profesional.

En Valencia, Nino Bravo empezó a actuar en locales nocturnos y a participar en festivales de música, donde rápidamente se ganó una reputación como intérprete de talento. Su estilo vocal, influido por artistas como Elvis Presley y Frank Sinatra, combinaba una voz potente y expresiva con una notable sensibilidad emocional, lo que lo convirtió en un favorito del público.

El verdadero éxito de Nino Bravo llegó en la década de 1970, cuando firmó un contrato con la discográfica Polydor y lanzó una serie de *singles* que se convirtieron en triunfos instantáneos. Su primer gran éxito fue la canción «Te quiero, te quiero», lanzada en 1970, que alcanzó los primeros puestos en las listas de ventas españolas y catapultó a Nino Bravo a la fama nacional e internacional. La canción, una balada romántica con una melodía pegadiza y letra emotiva, se convirtió en un himno para una generación de españoles.

A esta siguieron una serie de éxitos, incluyendo temas como «Noelia», «Un beso y una flor» y «Libre», que convirtieron a Nino Bravo en uno de los cantantes más y respetados de su generación. Sus canciones, caracterizadas por su voz inconfundible y su habilidad para transmitir emociones profundas, se consideran clásicos atemporales que continúan siendo populares entre el público español hasta el día de hoy.

Una de las características más destacadas de su música fue su aptitud para abordar una amplia gama de temas y estilos musicales. Si bien es más conocido por sus baladas románticas, también grabó canciones de otros géneros, como el pop, el rock y la música folclórica española. Su versatilidad como intérprete le permitió llegar a una audiencia diversa y ganarse el respeto y la admiración de críticos y *fans* por igual.

Además de su talento vocal, Nino Bravo también sobresalió por su carisma y su presencia en el escenario. Era un intérprete apasionado, cuya energía y entrega cautivaban al público. Sus actuaciones en vivo eran verdaderos eventos, que dejaban una impresión duradera en todos los que las presenciaban.

Su fallecimiento conmocionó a España y al mundo de la música, dejando un vacío inmenso en la industria.

Santiago Calatrava

Santiago Calatrava Valls nació en Valencia. Es un arquitecto, ingeniero civil y escultor reconocido internacionalmente por sus obras innovadoras que fusionan la arquitectura con la ingeniería, desafiando los límites convencionales de la forma y la estructura. Calatrava ha dejado su huella personal en el paisaje urbano global con sus distintivos diseños, que se caracterizan por su naturaleza orgánica, dinámica y escultural. Su trabajo abarca una amplia gama de proyectos, desde puentes hasta rascacielos complejos culturales, todos los cuales reflejan su pasión por la exploración de nuevas formas y tecnologías.

Calatrava inició su formación en la Escuela de Artes y Oficios de Valencia antes de obtener un título en arquitectura en la Escuela Técnica Superior de Arquitectura de Valencia en 1974. Luego continuó sus estudios en la Escuela Técnica Superior de Arquitectura de Zurich, Suiza, donde obtuvo un doctorado en ingeniería civil en 1979.

La formación dual de Calatrava en arquitectura e ingeniería ha sido fundamental para su enfoque multidisciplinario. Su hondo entendimiento tanto de los principios estéticos como de las realidades estructurales y tecnológicas ha influido en su competencia para crear obras que desafían las convenciones arquitectónicas y a menudo se describen como «poesía en movimiento».

Lo que distingue su trabajo es su enfoque holístico hacia el diseño, que integra la forma, la función y la estructura en una síntesis armoniosa. Sus obras a menudo se inspiran en formas naturales, como huesos, plumas, hojas y aves en vuelo, y se caracterizan por líneas fluidas y curvas elegantes que evocan una sensación de movimiento y dinamismo.

La síntesis de arquitectura e ingeniería es una constante en su obra. Sus estructuras suelen desafiar las limitaciones tradicionales de los materiales y las técnicas de construcción, utilizando tecnologías innovadoras para lograr resultados audaces. Se le conoce por su habilidad para crear formas aparentemente imposibles, desafiando la gravedad y creando estructuras que parecen flotar en el aire.

La luz y el espacio también son elementos fundamentales en sus diseños. Sus obras están diseñadas para interactuar con la luz natural de forma dramática, creando efectos visuales sorprendentes y cambiando la experiencia del espacio a lo largo del día y las estaciones.

Algunos de sus proyectos más relevantes incluyen: la Ciudad de las Artes y las Ciencias de Valencia, con edificios emblemáticos como el Palacio de las Artes Reina Sofía y el Hemisfèric; el Puente del Alamillo en Sevilla, con su mástil inclinado y su tablero curvo; la Estación de Lyon-Saint Exupéry TGV, formada por una serie de arcos blancos que se extienden como alas a lo largo de una plataforma; el Museo de las Ciencias Príncipe Felipe en Valencia, inspirado en el esqueleto de una ballena, con una estructura de acero y vidrio que se asemeja a las costillas de un animal gigante, o el World Trade Center Transportation Hub en Nueva York, cuyo diseño se asemeja a un ave en vuelo, con una estructura de acero y vidrio que se eleva sobre el horizonte de Manhattan.

Santiago Calatrava ha recibido abundantes premios. Entre sus distinciones más destacadas se encuentran el Premio Pritzker en 1999, considerado el más prestigioso galardón en el campo de la arquitectura, así como la Medalla de Oro del Instituto Americano de Arquitectos y la Medalla de Oro del Real Instituto de Arquitectos Británicos.

Al arquitecto se le ha reconocido su compromiso con la educación y la filantropía. Ha impartido clases en algunas de las principales instituciones educativas del mundo y ha donado su tiempo y recursos para apoyar iniciativas en el campo de la educación y la salud.

Calixto III

Calixto III, cuyo nombre de nacimiento fue Alfons de Borja, fue un papa de origen español que ocupó la silla de San Pedro desde 1455 hasta 1458. Nació en 1378 en Játiva. Su papado fue breve pero significativo en muchos aspectos, marcado por importantes acontecimientos políticos, religiosos y culturales.

La familia de Calixto III, los Borja (o Borgia en italiano), era una de las más prominentes de la región de Valencia. Alfons se educó en Derecho canónico y civil en la Universidad de Lérida y más tarde en la Universidad de Bolonia. Desde joven, demostró una gran pericia diplomática y administrativa, cualidades que lo llevaron a ocupar diversos cargos eclesiásticos y civiles.

Su trayectoria profesional en la Iglesia comenzó como canónigo en la catedral de Valencia y más tarde ascendió al cargo de arcediano. En 1444, fue nombrado obispo de Valencia, donde se distinguió por su celo pastoral y su preocupación por la justicia social. Durante su tiempo como obispo, realizó numerosas reformas en la diócesis y promovió la educación y la cultura.

La elección de Calixto III como papa en 1455 se produjo en un momento crucial para la Iglesia católica y para Europa en general. La cristiandad estaba sumida en conflictos internos y externos, con la creciente amenaza del islam en el Mediterráneo y la agitación política en Italia y otras partes de Europa. Calixto III se enfrentó a múltiples desafíos durante su papado y buscó oportunidades para fortalecer la posición de la Iglesia y promover la unidad cristiana.

Uno de los principales objetivos de Calixto III como papa fue la defensa de la fe católica frente a las amenazas externas, especialmente el avance del Imperio otomano en el

Mediterráneo. En 1456, lanzó una cruzada contra los turcos otomanos, liderada por Juan de Capistrano y Juan Hunyadi, que culminó en la victoria cristiana en la batalla de Belgrado. Esta victoria fue crucial para detener el avance turco en Europa y proteger la cristiandad de una invasión musulmana. Calixto III también se enfrentó a desafíos internos dentro de la Iglesia. Durante su papado, buscó reformar la curia romana y combatir la corrupción y el nepotismo que habían plagado a la Iglesia durante siglos. No obstante, sus esfuerzos en este sentido fueron en gran medida infructuosos, ya que se vio obstaculizado por la resistencia de los poderosos intereses eclesiásticos.

Uno de los aspectos más controvertidos del papado de Calixto III fue su relación con su familia, los Borja, que se vieron involucrados en numerosos escándalos y disputas durante su pontificado. Calixto III nombró a varios de sus parientes como cardenales y otorgó importantes cargos eclesiásticos y territoriales a sus hijos y sobrinos. Esta práctica de nepotismo fue criticada por muchos contemporáneos y contribuyó a la reputación negativa de los Borja.

Pese a sus defectos y controversias, Calixto III también tuvo varios logros de importancia. Promovió la construcción de iglesias y monasterios y trabajó para mejorar las condiciones de vida de los pobres y desfavorecidos. También fue un firme defensor de la unidad cristiana y buscó reconciliar las divisiones dentro de la Iglesia.

En el ámbito cultural, el papado de Calixto III coincidió con el Renacimiento italiano. Aunque no fue un mecenas tan importante como algunos de sus predecesores, Calixto III protegió a varios artistas y humanistas, incluido el poeta Ausiàs March, quien dedicó algunas de sus obras al papa.

El pontificado de Calixto III llegó a su fin en 1458, con su muerte en Roma. A pesar de las controversias que rodearon su papado, su legado perduró en la memoria de la Iglesia y de la historia europea. Su papel en la defensa de la cristiandad contra la amenaza otomana y su compromiso con la reforma eclesiástica lo convirtieron en una figura importante en la historia de la Iglesia y de Europa. Su papado fue breve, pero su influjo se hizo sentir en los siglos posteriores.

GUILLEM DE CASTRO

Guillem de Castro, destacado dramaturgo del Siglo de Oro hispano, es conocido principalmente por su obra *Las mocedades del Cid,* una pieza teatral que ha hecho historia en la literatura hispana. Sin embargo, la vida y obra de este talentoso autor van más allá de esta obra maestra, explorando una amplia gama de asuntos y géneros que reflejan la riqueza y diversidad del teatro del Siglo de Oro.

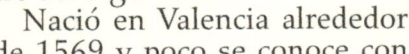

Nació en Valencia alrededor de 1569 y poco se conoce con certeza sobre sus primeros años. Sin embargo, es sabido que recibió una educación sólida y que mostró un gran interés por las letras y el arte desde la niñez. Su educación académica y su profundo conocimiento de la tradición literaria clásica y española se reflejan en su obra posterior.

La primera referencia documentada a este personaje data de 1596, cuando aparece como actor en una compañía teatral en Valencia. Durante esta época, el teatro era una parte fundamental de la vida cultural española, y las compañías de actores recorrían el país representando obras de teatro, tanto clásicas como contemporáneas. Fue en este contexto en el que Guillem de Castro empezó a desarrollar su talento como dramaturgo, escribiendo y adaptando comedias para su compañía.

Escribió una serie de otras obras teatrales que abarcan una amplia gama de géneros y temas. Sus obras reflejan las preocupaciones y conflictos sociales y políticos del momento, así como los ideales y valores que caracterizaban la sociedad hispana del XVII.

Las mocedades del Cid, escrita alrededor de 1618, es una de las primeras versiones teatrales de la vida del legendario héroe castellano Rodrigo Díaz de Vivar, más conocido como el Cid Campeador. La obra se divide en dos partes y se centra en los años jóvenes de Rodrigo, su amor por Jimena y sus hazañas militares contra los moros en la Reconquista. La obra es notable por su complejo retrato psicológico de los personajes y su hábil manejo del lenguaje y el verso.

Una de las características más destacadas de esta pieza es la forma en que el autor combina elementos de la tradición épica y la comedia de capa y espada. La obra presenta escenas de batallas épicas y duelos heroicos, así como momentos de humor y romance. Esta combinación de géneros y estilos teatrales contribuyó al triunfo y la popularidad duradera de la comedia.

Otras producciones de importancia de Guillem de Castro incluyen *El remedio en la desdicha*, una tragedia que aborda temas de amor, honor y destino; *El conde Alarcos*, una obra histórica basada en eventos reales del siglo XI, y *La fuerza de la costumbre*, una comedia que explora las intrigas y los enredos amorosos de la alta sociedad. Estas obras muestran la versatilidad y el talento de Guillem de Castro como dramaturgo, así como su aptitud para adaptarse a una amplitud de géneros y estilos.

A pesar de su talento y éxito como dramaturgo, su vida personal estuvo ensombrecida por la tragedia y la penuria. Se sabe poco sobre su vida, pero se cree que se enfrentó a varios desafíos, incluida la pobreza y la enfermedad. Además, su trayectoria teatral estuvo llena de conflictos con otros dramaturgos y escritores del periodo, incluido Félix Lope de Vega, con quienes compitió por la atención y el reconocimiento del público.

Guillem de Castro falleció en Madrid en 1631, dejando un legado duradero en la historia del teatro español. Aunque su obra se vio eclipsada en cierta medida por la de sus contemporáneos más famosos, su contribución al teatro del Siglo de Oro se sigue reconociendo y apreciando hoy en día. Su habilidad para combinar elementos de la tradición épica y la comedia, así como su hondo conocimiento de la historia y la literatura española, lo convierten en un personaje esencial en la historia del teatro español.

Ruperto Chapí

Ruperto Chapí y Lorente fue un prolífico compositor y director de orquesta español, nacido en 1851 en Villena y fallecido en 1909 en Madrid. A Chapí se le recuerda principalmente por su contribución al género de la zarzuela, la forma de teatro lírico hispano que combina música, canto, diálogo hablado y baile. Compuso más de cien zarzuelas, así como otras obras de música vocal e instrumental, dejando una herencia duradera en la música española.

El talento musical de Chapí se manifestó pronto y a los siete años ya tocaba el piano con pericia. Su familia, reconociendo su potencial musical, lo envió a estudiar en el Conservatorio de Madrid, donde recibió una completa formación en composición, armonía y contrapunto. Durante sus años de estudiante, Chapí mostró una gran inclinación hacia la música vocal y el teatro, y comenzó a componer obras para coro y orquesta.

Después de completar sus estudios en el conservatorio, Chapí se estableció en Madrid, donde empezó a trabajar como director de orquesta y compositor. En la década de 1870, se incorporó al Teatro de la Zarzuela de Madrid, donde desarrolló una estrecha colaboración con algunos de los principales libretistas y compositores del tiempo. Fue en este período cuando comenzó a componer zarzuelas, combinando aspectos de la ópera cómica, la opereta y la comedia musical.

Uno de los primeros triunfos de Chapí fue *La revoltosa* (1897), una zarzuela cómica que sigue las desventuras amorosas de dos jóvenes en el Madrid de finales del siglo XIX. La obra, que presenta música alegre y pegadiza y diálogos ingeniosos, fue un gran éxito de crítica y público y se convirtió en una de las piezas más populares del repertorio hispano. Su triunfo estableció a Chapí como uno de los principales compositores de género chico de su época y le valió el reconocimiento como maestro del género.

Además de *La revoltosa*, Chapí compuso numerosas zarzuelas grandes que se convirtieron en éxitos populares y que se continúan representando en la actualidad. Entre sus obras más conocidas se encuentran *El tambor de granaderos* (1894), una zarzuela militar ambientada en la época napoleónica; *La bruja* (1897), una comedia fantástica sobre una bruja y su hija, y *La chavala* (1902), una obra costumbrista que retrata la vida en el Madrid de principios del siglo XX.

Chapí también compuso una serie de obras de música vocal e instrumental que recibieron elogios de la crítica y el público. Escribió diversas óperas, incluyendo *El milagro de la Virgen* (1886), una ópera religiosa basada en un milagro medieval, y *La tempestad* (1898), una pieza inspirada en la obra de William Shakespeare. También compuso música para piano, música de cámara y música sinfónica, demostrando su versatilidad y su habilidad para trabajar en una extensa gama de estilos y géneros musicales.

Chapí recibió gran número de premios y honores por su contribución a la música hispana y al teatro lírico. En 1902 se le nombró director del Teatro de la Zarzuela de Madrid, un cargo que ocupó hasta su muerte en 1909. También fue elegido miembro de la Real Academia de Bellas Artes de San Fernando y recibió la Medalla de Oro al Mérito en las Bellas Artes, en reconocimiento a su destacada trayectoria como compositor y director de orquesta.

Vicent Andrés Estellés

Vicent Andrés Estellés fue uno de los poetas más influyentes y prominentes de la literatura valenciana y española del siglo XX. Nació en 1924 en Burjassot y falleció en 1993 en la misma urbe. Estellés dejó un legado poético que capta la esencia del pueblo valenciano y aborda temas como el amor, la política y la identidad cultural.

Estellés creció y vivió en un período marcado por importantes acontecimientos políticos y sociales. Vivió la Guerra civil española (1936-1939), conflicto que tuvo un hondo impacto en la sociedad española y que dejó huellas imborrables en la memoria colectiva del país. Durante este tiempo, Valencia se convirtió en la capital de la República y fue testigo de intensos combates y bombardeos. Durante la dictadura de Francisco Franco la cultura y la lengua valenciana sufrieron una intensa represión, que buscaba imponer el castellano como única lengua oficial.

En este contexto de represión y censura, Estellés se convirtió en una voz disidente y contestataria, comprometida con la defensa de la identidad cultural y lingüística del pueblo valenciano y con la lucha por la libertad y la democracia.

Siendo hijo de familia humilde, desde joven mostró interés por la literatura y la poesía, y empezó a escribir sus propios versos. En 1943, se trasladó a Valencia para estudiar Filosofía y Letras en la Universidad de Valencia.

Durante sus años universitarios, Estellés se involucró en la vida cultural y literaria de Valencia, participando en tertulias y encuentros literarios con otros jóvenes escritores y poetas. Fue durante este tiempo cuando comenzó a desarrollar su personal estilo poético, marcado por su sensibilidad lírica y su compromiso social y político.

En 1946, Estellés publicó su primer libro de poemas, titulado *La lluna, la pruna* [La luna, la ciruela], que recibió elogios de la crítica y de los lectores. Este libro marcó el inicio de una prolífica trayectoria literaria que lo llevaría a convertirse en uno de los poetas más notorios de la literatura valenciana y española del siglo XX.

A lo largo de su vida, Estellés publicó numerosos libros de poesía, ensayos y artículos. Su obra se caracteriza por su profundo lirismo, su aguda sensibilidad y su compromiso con la realidad sociopolítica de su tiempo.

Su estilo poético se destaca por su capacidad para captar la belleza y la profundidad de la experiencia humana. Sus versos están marcados por una profunda emotividad que refleja la complejidad de las emociones humanas.

Una de las características más destacadas de la poesía de Estellés es su evocación de la vida cotidiana y los paisajes de su tierra natal, mediante un lenguaje sencillo y directo que conecta con el lector de manera inmediata. Sus poemas están repletos de imágenes vívidas y evocadoras que describen el paisaje valenciano y la idiosincrasia de su gente.

La poesía de Estellés se distingue además por su compromiso social y político, reflejado en versos cargados de crítica y denuncia de la injusticia y la opresión. Estellés abordó temas como la represión franquista, la censura, la guerra y la lucha por las libertades y la democracia.

Su legado en la literatura valenciana y española es innegable, y su influjo se puede sentir en la obra de gran número de escritores y poetas posteriores. Aunque durante mucho tiempo estuvo marginado y censurado por el régimen franquista, en los últimos años su obra se ha revalorizado y recibido el reconocimiento que merece.

La poesía de Estellés continúa siendo objeto de estudio y admiración hoy en día, y sus versos continúan resonando con fuerza en el corazón de sus lectores. Es una figura imprescindible para entender la historia y la cultura del pueblo valenciano y español, y a través de su obra sigue hablando a las generaciones presentes y futuras, recordándonos la importancia de la memoria y el compromiso en la construcción de un mundo más justo y solidario.

Antonio Ferrandis

Antonio Ferrandis Monrabal nació en 1921 en Paterna, Valencia y falleció en 2000 en Valencia. Fue un reconocido actor español de cine, teatro y televisión. Se le recuerda por su versatilidad interpretativa, su carisma en pantalla y su aptitud para dar vida a una amplia gama de personajes memorables a lo largo de su extensa trayectoria artística. Se le conoció tanto por sus papeles cómicos como dramáticos y se le considera uno de los actores  más entrañables y respetados de su generación.

Ferrandis, de familia humilde, desarrolló su pasión por la interpretación ya desde su juventud. A pesar de enfrentarse a la oposición de su padre, que prefería que siguiera una carrera más estable, decidió seguir su vocación y se unió a un grupo de teatro local en Valencia. Su talento natural y su dedicación al oficio pronto llamaron la atención de los críticos y directores, y en poco tiempo se convirtió en uno de los actores más solicitados de la escena teatral valenciana.

A lo largo de la década de 1950 y principios de la década de 1960, Ferrandis trabajó en una variedad de películas, tanto en papeles principales como secundarios. Participó en *films* de diferentes géneros, desde dramas sociales hasta comedias ligeras, demostrando su versatilidad y su capacidad para adaptarse a cualquier tipo de personaje. Algunas de sus cintas más destacadas de esta época incluyen *Amanecer en Puerta Oscura* (1957) o *Marcelino, pan y vino* (1955).

No obstante, fue en la década de 1970 cuando Ferrandis alcanzó la cima de su trayectoria profesional, gracias a su colaboración con el director valenciano Luis García Berlanga. Juntos realizaron una serie de películas que se convirtieron en clásicos del cine hispano y que consolidaron su reputación como uno de los mejores actores de su generación. Entre estas destacan *La escopeta nacional* (1978), *Patrimonio nacional* (1981) y *Nacional III* (1982), en las que interpretó al entrañable tío Jacinto, un personaje emblemático que se convirtió en uno de sus roles más memorables y queridos por el público.

El éxito de *La escopeta nacional* y sus secuelas catapultó a Ferrandis a la fama y lo convirtió en uno de los actores más populares y reconocibles de España. Su habilidad para combinar el humor y la ternura lo convirtió en un ícono cultural y en un símbolo de la identidad hispana. Ferrandis logró crear un personaje entrañable y universal al que siguen recordando y queriendo generaciones de espectadores.

Ferrandis tuvo una trayectoria artística de éxito en el teatro y la televisión. Actuó en numerosas obras de teatro, tanto clásicas como contemporáneas, y recibió elogios por sus interpretaciones en comedias como *El enfermo imaginario* de Molière o *La extraña pareja* de Neil Simon. En la televisión, protagonizó varias series y programas de variedades, donde demostró su talento para la comedia y su habilidad para conectar con el público.

Ferrandis recibió numerosos premios y reconocimientos por su aportación al cine español. Se le galardonó con el Premio Goya al Mejor Actor en 1990. También recibió el Premio Nacional de Cinematografía en 1997, en reconocimiento a su destacada trayectoria como actor y su contribución al cine español.

A Ferrandis también se le conoció por su generosidad y su compromiso con las causas sociales. Durante muchos años, apoyó a organizaciones benéficas y participó en actividades solidarias para ayudar a los más necesitados. Su carácter afable y su corazón generoso lo convirtieron en un personaje muy querida tanto dentro como fuera de la industria del entretenimiento.

Joan Fuster

Joan Fuster i Ortells nació en 1922 en Sueca y falleció en 1992 en el mismo lugar. Fue uno de los intelectuales más influyentes de la cultura valenciana y española del siglo XX. Destacó como ensayista, escritor, crítico, sociólogo, profesor universitario y político. Su obra ha dejado un recuerdo duradero en las letras y el pensamiento contemporáneo, abordando asuntos que van desde la identidad cultural hasta la historia y la sociología.

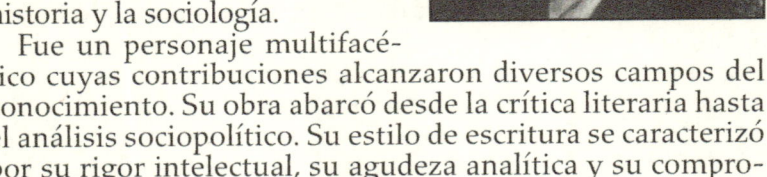

Fue un personaje multifacético cuyas contribuciones alcanzaron diversos campos del conocimiento. Su obra abarcó desde la crítica literaria hasta el análisis sociopolítico. Su estilo de escritura se caracterizó por su rigor intelectual, su agudeza analítica y su compromiso con la defensa de la cultura y la lengua.

Mostró desde joven una gran inclinación hacia la literatura. Estudió Filosofía y Letras en la Universidad de Valencia, donde se graduó en 1948. Durante sus años universitarios, entró en contacto con el ambiente cultural y sociopolítico del tiempo, marcado por la represión franquista y el resurgimiento de la identidad valenciana.

En sus inicios, Fuster mostró una inclinación por el análisis de la literatura, especialmente de la literatura vernácula. Su tesis de doctorado, titulada *Sobre la poesía valenciana contemporánea* (1955), señaló el inicio de su trayectoria como crítico literario. En esta obra, examinó la evolución de la poesía valenciana desde finales del siglo XIX hasta la posguerra, destacando la ruptura con el canon establecido.

A lo largo de los años cincuenta y sesenta, Fuster desarrolló una prolífica labor como crítico, colaborando con numerosas revistas y periódicos. Su aguda mirada crítica y su defensa de la literatura valenciana contribuyeron a revitalizar el panorama de la época, en la que se dio la censura y la represión franquistas.

Sin embargo, su interés no se limitó a las letras, sino que se extendió a otros ámbitos del conocimiento, como la sociología. En la década de 1960, empezó a colaborar con la revista *Serra d'Or*, donde publicó una serie de ensayos que marcaron un punto de inflexión en su trayectoria profesional como intelectual. Abordó temas como la identidad cultural, la historia de los Países Catalanes y el papel de la lengua en la construcción de la comunidad nacional.

Su obra más influyente en este periodo fue *Nosaltres, els valencians* (1962), un ensayo en el que analizó la realidad social y política de la Comunidad Valenciana. En este libro criticó el centralismo de Madrid y la marginación lingüística del País Valenciano, reivindicando la identidad propia de esta región dentro del conjunto de los Países Catalanes.

Este fue un libro revolucionario que generó un intenso debate en la sociedad valenciana. Por un lado, recibió elogios por parte de aquellos que compartían sus planteamientos nacionalistas y culturales. Por otra parte, sus críticas al franquismo y su defensa del catalanismo provocaron la censura y la persecución por parte de las autoridades.

Pese a las dificultades, Fuster continuó escribiendo y defendiendo sus ideas.. En la década de 1970, se convirtió en uno de los referentes intelectuales de la *Nova Cançó*, un movimiento cultural y musical que reivindicaba la identidad catalana y valenciana a través de la música y la poesía. Fuster colaboró estrechamente con artistas como Raimon, Ovidi Montllor y Maria del Mar Bonet, contribuyendo a difundir sus mensajes de libertad y justicia.

Durante la transición, Fuster fue un personaje relevante en el panorama intelectual del país. En 1977, fundó la revista *El Temps*, que se convirtió en un referente en el ámbito de la información y el análisis político. En sus páginas, abordó temas de actualidad y reflexionó sobre el futuro de Cataluña y España en el marco de la democracia.

En sus últimos años, Fuster se dedicó principalmente a la escritura de ensayos y reflexiones en las que analizó los problemas estructurales de la sociedad española y valenciana.

Luis García Berlanga

Luis García Berlanga, uno de los cineastas más interesantes y reconocidos de la historia del cine español, nació en 1921 en Valencia y falleció en Madrid. Su legado cinematográfico abarca más de medio siglo de trabajo, durante el cual dejó una huella profunda en el cine hispano con su estilo único y su mirada satírica y crítica de la sociedad de su tiempo. Desde sus primeros trabajos en la década de 1950 hasta sus últimos *films* en la década de 2000, Ber-  langa demostró ser un maestro de la cinematografía, con una aptitud única para mezclar el humor con la crítica.

En la vida de Berlanga predominó su pasión por el cine. Era hijo de un empresario teatral y creció rodeado de películas y teatro, lo que despertó su interés por el mundo del espectáculo y la narrativa visual. Después de estudiar en la Escuela Oficial de Cine de Madrid, inició su trayectoria profesional como director de cortometrajes y documentales, antes de pasar a dirigir largometrajes a mediados de la década de 1950.

Berlanga se convirtió en una figura destacada en el cine español con su película *¡Bienvenido, mister Marshall!* (1953), coescrita con Juan Antonio Bardem. Esta película, una comedia satírica sobre las expectativas de un pueblo español ante la llegada de los estadounidenses, se convirtió en un éxito de crítica y público, y estableció a Berlanga como un director innovador y provocador. Se la consideró una de las mejores del cine español y una obra maestra del humor negro y la sátira política.

Berlanga continuó explorando asuntos sociales y políticos en su obra, utilizando la ironía para atacar la corrupción y la injusticia en la sociedad española. Sus películas se convirtieron en clásicos y ejemplos famosos del cine de autor. Berlanga poseía una destreza especial para presentar la España contemporánea y reflejarla en la pantalla de manera entretenida y profundamente reflexiva a la vez.

El verdugo (1963) es una de las cintas más aclamadas de Berlanga y una de las más emblemáticas de nuestro cine. Es una sátira oscura sobre la pena de muerte y la burocracia estatal. La historia cuenta la historia de un verdugo que espera ansiosamente su jubilación, para descubrir que su yerno será su sucesor en el trabajo. *El verdugo* es una exploración excelente de la moralidad y la ética en la sociedad moderna, y una crítica contundente al sistema judicial.

Otra película destacada de Berlanga es *La escopeta nacional* (1978), una comedia satírica que se burla de la clase política y empresarial. Sigue las desventuras de un industrial catalán y su familia durante una cacería en una finca rural. A través de situaciones hilarantes y diálogos ingeniosos, Berlanga pinta un retrato mordaz de la hipocresía y la corrupción en la España de la Transición. *La escopeta nacional* está considerada como una de las mejores producciones de su director y una obra indispensable para entender su visión del mundo y su estilo cinematográfico único.

Berlanga también dirigió una serie de obras menos conocidas pero igualmente importantes en su filmografía. *Los jueves, milagro* (1957), *La boutique* (1967) o *Tamaño natural* (1974) son ejemplos prominentes de su pericia para mezclar la sátira con la crítica de una manera provocadora. Estas películas exploran varios temas, desde la religión y la moralidad hasta el amor y la familia, reflejando la diversidad y la profundidad de su obra como realizador.

Berlanga recibió abundantes premios y reconocimientos por su trabajo, tanto en España como en el extranjero. Fue galardonado con el Premio Goya a la Mejor Dirección en dos ocasiones, por *Todos a la cárcel* (1993) y *La vaquilla* (1985), y recibió el Premio Príncipe de Asturias de las Artes en 1986. Aparte de su triunfo comercial y crítico, la cinematografía de Berlanga también tuvo un impacto perenne en la cultura hispana, influyendo en generaciones de cineastas y artistas con su enfoque innovador del cine.

Miguel Hernández

Miguel Hernández, uno de los más reconocidos vates españoles, nació en 1910 en Orihuela. Su vida estuvo llena de su pasión por la poesía y su compromiso político, lo que lo convirtió en una figura emblemática de la literatura española y en un símbolo de resistencia durante la Guerra civil española y la dictadura franquista.

Creció en una familia humilde y desde joven mostró una gran habilidad para el verso. A pesar de las limitaciones económicas, logró educarse de forma autodidacta, leyendo y estudiando a los grandes autores de la literatura española y universal. Su pasión por la poesía lo llevó a escribir pronto sus propios versos y a los diecisiete años publicó su primer libro de poemas, *Perito en lunas* (1933), que revelaba ya la profundidad y la originalidad de su talento creativo.

El inicio de la Guerra civil española en 1936 tuvo un hondo impacto en su vida y su obra. Al principio, apoyó entusiastamente el movimiento republicano y se unió al ejército republicano como propagandista y poeta de guerra. Durante este período, escribió algunos de sus poemas más conocidos, que reflejaban la angustia y el sufrimiento de la guerra, así como la esperanza y la determinación de aquellos que luchaban por un mundo mejor.

Uno de sus poemas más emblemáticos es «Viento del pueblo», escrito en 1937 durante la Guerra civil. En él, Hernández personifica al viento como un símbolo de la libertad y la resistencia del pueblo hispano ante la opresión y la injusticia. El poema, que combina una poderosa imaginería con un lenguaje emotivo y directo, se convirtió en un himno para los republicanos y en un símbolo de la lucha por las libertades en España y en todo el mundo.

Además de su poesía de guerra, también escribió una serie de poemas que reflejaban su profunda sensibilidad y su amor por la vida y la naturaleza. Sus poemas exploraban temas como el amor, la muerte, y la identidad, y revelaban una riqueza emotiva y una profundidad filosófica que lo situaron entre los grandes escritores de su tiempo. Trágicamente, la guerra y la represión política tuvieron un alto costo personal para Hernández. En 1939, al final de la Guerra civil, las fuerzas franquistas le arrestaron y encarcelaron por su afiliación republicana. Durante su encarcelamiento, continuó escribiendo poesía, utilizando su arte como una forma de resistencia y supervivencia.

En prisión escribió algunos de sus poemas más conmovedores y desgarradores, reflejando su dolor y su desesperación ante la injusticia y la opresión. Su poesía, escrita en condiciones extremadamente difíciles, revelaba una profunda humanidad y una aptitud para encontrar belleza y esperanza incluso en los momentos más oscuros.

Uno de los poemas más conocidos de Hernández, escrito durante su encarcelamiento, es «Elegía», considerado uno de los mejores poemas de Hernández y una obra maestra de la poesía moderna hispana. En este poema, Hernández lamenta la muerte de un amigo y colega poeta, expresando su dolor y su angustia a través de imágenes vívidas y un lenguaje emotivo y evocador.

Pese a las difíciles circunstancias de su encarcelamiento, Miguel Hernández continuó escribiendo poesía hasta el final de su vida. En 1941, mientras aún estaba en prisión, publicó su obra más importante, *El hombre acecha*, una colección de poemas que reflejaban su experiencia como prisionero político y su lucha por la libertad y la justicia. La obra, que se publicó póstumamente, se convirtió en un símbolo de resistencia y esperanza en la lucha contra la dictadura franquista, y estableció a su autor como uno de los grandes poetas de la literatura española.

Miguel Hernández murió en la cárcel en 1942 debido a una tuberculosis no tratada. Su prematura muerte privó a España y al mundo de las letras de uno de sus más grandes talentos poéticos, pero su legado permanece hasta el día de hoy.

Paco Ibáñez

Paco Ibáñez, célebre cantautor español, nació en 1934 en Valencia. Fue famoso por su potente voz y por su habilidad para musicar a los grandes poetas de la literatura española y universal. Se convirtió en una figura icónica durante la segunda mitad del siglo XX. Su obra, llena de compromiso político y social, así como por su profundo amor por la poesía, ha dejado una huella indeleble en la música española y en la conciencia colectiva de su país.

Era hijo de un republicano español exiliado y creció en un ambiente de concienciación política. Desde joven, mostró un talento innato para la música, aprendiendo a tocar la guitarra y desarrollando su voz única y expresiva.

Aunque estudió arquitectura en la Universidad de Madrid, la música y la poesía siempre fueron sus verdaderas pasiones. Durante sus años universitarios, Ibáñez frecuentaba los círculos literarios y artísticos de la capital hispana, donde tuvo la oportunidad de conocer a algunos de los grandes poetas de su tiempo, como Rafael Alberti, Miguel Hernández y León Felipe. Estos encuentros tuvieron un profundo impacto en él y lo inspiraron para que se dedicara por completo a la música y la poesía.

El ascenso de la dictadura franquista en España tuvo un impacto significativo en su vida y su trayectoria profesional. Era consciente de la represión política y cultural que prevalecía en su país y tomó la decisión de utilizar su música como una herramienta de resistencia y protesta contra el régimen autoritario. Sus canciones, que combinaban la poesía de los grandes escritores españoles con melodías adecuadas y pegadizas, se convirtieron en himnos de la lucha por las libertades y la justicia.

Uno de los hitos más destacados en su trayectoria fue su lectura de las obras del poeta Miguel Hernández. Quedó impresionado por su sufrimiento y decidió poner música a algunas de sus composiciones más famosas. El resultado fue el álbum *Paco Ibáñez canta a Miguel Hernández* (1965), que incluía canciones como «El hambre», «Elegía» y «Nanas de la cebolla». Este disco, que se convirtió en un éxito instantáneo, significó el inicio de la colaboración entre Ibáñez y algunos de los grandes vates de la literatura española.

Paco Ibáñez ha puesto música a las obras de muchos otros escritores, tanto españoles como extranjeros. Su repertorio incluye canciones basadas en los poemas de Federico García Lorca, Antonio Machado, Pablo Neruda, Jacques Prévert o Georges Brassens, entre otros. Su habilidad para aprehender la emoción de los textos poéticos y transmitirlas mediante su voz y su música lo convierte en uno de los cantautores más importantes y respetados de España.

Además de su compromiso con la poesía y la música, Paco Ibáñez también ha sido un defensor de los derechos humanos y la justicia social en España y en el mundo. Sus canciones, que abordan temas como la guerra, la injusticia y la opresión, han apelado a la conciencia de muchos y la acción, inspirando a generaciones de personas para que lucharan por un mundo más justo y equitativo.

El cantante ha recibido gran número de galardones y reconocimientos por su trabajo, incluyendo el Premio Nacional de Música de España en 2007. Su legado como cantautor comprometido con la poesía y la justicia social perdura hoy en día, y su música continúa siendo una fuente de inspiración y esperanza en todo el mundo de habla hispana.

Sor Isabel de Villena

Sor Isabel de Villena fue un personaje notable en la historia de la literatura y la religión en España durante el siglo XV. Nació el 1430 en Valencia y murió el 1490, viviendo durante una época tumultuosa de significativos cambios políticos y culturales. Isabel fue una mujer multifacética, conocida por su dedicación a la vida religiosa y por sus escritos, especialmente su obra maestra *Vida de santa Isabel de Hungría*.

En el siglo XV la Iglesia católica desempeñaba un papel dominante en la vida de la sociedad española, ejerciendo gran influjo en todos los aspectos de la vida pública y privada. Durante esta época, surgieron numerosas órdenes religiosas, como los franciscanos, dominicos y carmelitas, que tuvieron un papel crucial en la difusión de la fe y en la educación de la población.

Isabel de Villena nació en una familia noble. Desde el inicio mostró un hondo interés por la vida religiosa y la espiritualidad. A la edad de quince años tomó la decisión de ingresar en el convento de la Trinidad en Valencia, donde transcurrió el resto de su vida.

En el convento, adoptó el nombre de sor Isabel de Villena y se dedicó por entero a la vida religiosa. Pronto sobresalió por su fervor, su dedicación a la oración y su profundo compromiso con los valores cristianos. En 1456, le nombraron abadesa del convento de la Trinidad, posición de gran responsabilidad que ocuparía durante más de treinta años.

En su cargo, tuvo un papel crucial en la rutina conventual, supervisando la vida espiritual y material de las monjas, y asegurando el cumplimiento de las normas de la orden. También se dedicó a la educación de las jóvenes novicias, enseñándoles los principios de la vida religiosa.

Aparte de sus responsabilidades, sor Isabel de Villena también se distinguió como escritora y poetisa. Durante su vida, escribió numerosas obras de contenido religioso, incluyendo tratados teológicos, cartas espirituales y poesía sacra.

La *Vida de santa Isabel de Hungría* es una obra maestra de la literatura medieval. El poema narra la vida y las virtudes de una princesa húngara que vivió en el siglo XIII y que dedicó su existencia al servicio de los pobres y necesitados. Es una pieza literaria de gran profundidad espiritual y emocional, que refleja la devoción y el amor de Sor Isabel de Villena por la santa. Describe con gran detalle su vida, desde su infancia en la corte húngara hasta su matrimonio con el príncipe Luis de Turingia y su dedicación al servicio de los pobres y necesitados.

La obra también destaca las virtudes y cualidades de santa Isabel, como su caridad, humildad y generosidad, que la convirtieron en un modelo de conducta para los cristianos de su tiempo y de posteriores generaciones. La autora utiliza un lenguaje poético y evocador para retratar las hazañas de su protagonista, creando una obra que se continúa leyendo y apreciando por su belleza y profundidad espiritual.

El legado de Sor Isabel de Villena en la historia de las letras y la religión en España es innegable, y su influjo se puede sentir en la obra de numerosos escritores y religiosos posteriores.

El padre Jofré

Juan Gilabert Jofré, fue un sacerdote y religioso español nacido en Valencia en 1350. Se trata de una figura importante en la historia de la Iglesia católica y en el ámbito de la asistencia social, especialmente por su dedicación a los enfermos mentales y desamparados de su periodo. Su legado se ha mantenido vivo a través de las instituciones que fundó y de su aportación a la mejora de las condiciones de vida de los más necesitados.

Pasó gran parte de su vida en Valencia, donde se ordenó sacerdote y sirvió como capellán en varios hospitales locales. Durante este tiempo, se enfrentó a la dura realidad de la pobreza y el sufrimiento de los enfermos mentales que, en aquel entonces, no recibían la atención ni el cuidado adecuados. Conmovido por su situación, decidió dedicarse a ayudar a aquellos que más lo necesitaban y creó lo que se considera el primer hospital psiquiátrico del mundo: el Hospital de los Inocentes de Valencia.

Este hospital, fundado en 1409, fue una institución revolucionaria para su tiempo. Se concibió como un lugar de acogida y cuidado para los enfermos mentales, donde estos recibían atención médica, alojamiento y alimentos gratuitos. El lugar también sirvió como centro de investigación y enseñanza en el campo de la salud mental, contribuyendo así al avance del conocimiento médico en esa área.

Una de las innovaciones más destacadas de dicha institución fue su enfoque humanitario hacia el tratamiento de los internos. En lugar de considerárseles como criminales o marginados sociales, los pacientes del hospital recibían compasión y respeto, y se les proporcionaba un ambiente seguro y acogedor donde podían disfrutar de atención médica y cuidado pastoral. Este enfoque pionero sentó las bases para el tratamiento humanitario de los enfermos mentales en todo el mundo y sigue siendo un ejemplo de buena práctica en el campo de la salud mental.

Además, el padre Jofré también fundó otras instituciones de asistencia social en Valencia: hospitales, orfanatos y casas de acogida para los más necesitados. Su compromiso con la caridad y la justicia social lo llevó a dedicar su vida a servir a los más desfavorecidos y a abogar por su dignidad y bienestar.

El legado del padre Jofré permanece hasta el día de hoy a través de las instituciones que promovió y de su influjo en el campo de la asistencia social. El Hospital de los Inocentes, conocido ahora como Hospital General de Valencia, continúa brindando atención médica y cuidado a los enfermos y necesitados de la región, manteniendo viva la visión humanitaria del padre Jofré. Su ejemplo de compasión y servicio desinteresado continúa siendo una inspiración para las personas de toda religión y cultura.

Ausiàs March

Ausiàs March fue uno de los poetas más notorios del siglo XV en la literatura valenciana y española. Nació en Valencia alrededor de 1397 en el seno de una familia de la nobleza y su influjo en la poesía del momento fue hondo y perdurable. Su obra, caracterizada por su lirismo, su profundidad emotiva y su innovación métrica, lo convirtió en una figura emblemática del Renacimiento y en un precursor del Siglo de Oro hispano.

El siglo XV fue en Valencia fue un periodo de esplendor literario, con un renacimiento de la poesía trovadoresca y la aparición de nuevas formas poéticas.

Poco se sabe sobre la vida temprana de Ausiàs, pero se cree que recibió una educación esmerada y asimiló las corrientes culturales de su tiempo. Probablemente recibió educación literaria y artística en el contexto de su familia noble y pudo haber estudiado en las escuelas que más tarde derivaron en la creación de la Universidad de Valencia.

Su obra se caracteriza por su fuerza emocional y su exploración de temas como el amor, la muerte, la naturaleza y la condición humana. Sus poemas, escritos en lengua valenciana, reflejan un hondo conocimiento del alma humana y una enorme pericia para expresar los sentimientos más íntimos con sinceridad y belleza inigualables.

March innovó en el ámbito de la métrica poética, utilizando formas estróficas complejas y experimentando con estructuras métricas novedosas. Su estilo poético se caracteriza por el uso de imágenes vívidas, metáforas sorprendentes y un lenguaje rico y evocador. Sus versos están caracterizados por una musicalidad única y una cadencia melódica que los hace inolvidables.

El amor es uno de los temas recurrentes en la poesía de Ausiàs March. Sus poemas exploran las complejidades del amor romántico, así como los sentimientos de deseo, pasión, celos y pérdida. March no idealiza el amor, sino que lo presenta en toda su complejidad y ambigüedad, mostrando tanto su poder redentor como su capacidad para causar sufrimiento.

Otro tema central en su obra es la naturaleza y su relación con el ser humano. Sus poemas están llenos de referencias a la belleza y la majestuosidad del mundo natural, así como a su fragilidad y su transitoriedad. La naturaleza es para él una fuente de inspiración y consuelo, pero asimismo un recordatorio de la brevedad de la vida y la inevitabilidad de la muerte.

La muerte es otra constante importante en su poesía. Explora la idea de la muerte como parte integral de la existencia humana y como un destino inevitable al que todos estamos sujetos. March no teme enfrentarse a la muerte, sino que la acepta como una parte natural de la existencia y la contempla con serenidad y resignación.

Su obra tuvo un profundo influjo en la poesía valenciana y castellana de su tiempo, así como en la literatura europea posterior. Su estilo poético innovador y su exploración de los grandes temas universales lo convirtieron en un referente para generaciones poéticas posteriores.

En la actualidad, a Ausiàs March se le considera uno de los más grandes poetas de la literatura valenciana y uno de los principales representantes del Renacimiento. Su obra se sigue estudiando y admirando por sus virtudes estéticas, su profundidad emocional y su relevancia atemporal.

Joanot Martorell

Joanot o Joan Martorell es un personaje clave en la literatura valenciana y española, conocido principalmente por ser el autor de una de las obras más importantes de la literatura medieval: *Tirant lo Blanch*. Esta novela de caballerías, escrita en el siglo XV, se considera una de las cumbres del género y uno de los libros más apreciados de la literatura universal.

Para entender completamente la importancia de Joanot Martorell es fundamental contextualizar el período histórico en el que vivió y escribió. Martorell nació en Valencia alrededor del año 1410, en un periodo de grandes cambios y convulsiones sociales, políticas y culturales. La península ibérica estaba inmersa en la Guerra de los Cien Años y en las luchas entre los reinos cristianos y el Reino de Granada, así como en conflictos internos entre la nobleza y la monarquía.

Durante el siglo XV, Valencia era una urbe floreciente y cosmopolita, con una próspera actividad comercial y cultural. El influjo de la cultura árabe y judía, así como la presencia de una importante comunidad de cristianos nuevos, contribuyeron a enriquecer la vida intelectual y artística de la ciudad. En este contexto de intercambio cultural y convivencia religiosa, surgió una literatura de gran riqueza y variedad, en la que se inscribe la obra de Joanot Martorell.

La información biográfica sobre Joanot Martorell es fragmentaria, lo que ha dado lugar a diversas especulaciones y leyendas sobre su vida. Nació en Valencia en una familia de la pequeña nobleza. Poco se conoce sobre su educación y formación, pero es probable que recibiera la educación humanística y literaria propia de su clase social.

Martorell participó activamente en la vida cortesana de la Valencia del siglo XV, sirviendo a diferentes señores y nobles de la época. Se le atribuye haber participado en diversas empresas militares y diplomáticas al servicio de la Corona de Aragón, lo que le habría proporcionado un conocimiento directo de los ambientes cortesanos y militares que luego plasmó en su obra escrita.

Se cree que *Tirant lo Blanch* la escribió durante los últimos años de su vida, posiblemente entre 1460 y 1464. La obra se publicó por primera vez en 1490, seis años después de la muerte de Martorell, gracias al trabajo de su amigo y editor Martí Joan de Galba. Después de su óbito, la figura de Joanot Martorell cayó en el olvido durante varios siglos, hasta que en el siglo XIX fue redescubierto por los estudiosos de la literatura medieval. Desde entonces, su obra ha sido objeto de abundantes estudios y ediciones críticas, y se ha convertido en una referencia obligada para entender la evolución del género de la novela de caballería y su influjo en la literatura posterior.

Esta obra monumental narra las aventuras y hazañas de Tirant lo Blanch, un joven caballero de origen inglés que lucha al servicio del emperador griego contra los turcos en el siglo XV. La novela está escrita en un estilo ameno y directo, con un lenguaje vivo y colorido que refleja la riqueza y diversidad de la lengua valenciana medieval.

Una de sus características más destacadas es su complejidad estructural y su riqueza temática. La obra combina elementos propios de la novela de caballería, como las escenas de combate y las descripciones de torneos y batallas, con otros más propios de la novela cortés, como los episodios amorosos y las reflexiones morales y filosóficas.

El protagonista es el héroe ideal, dotado de todas las virtudes caballerescas, pero también es un personaje humano y vulnerable, que experimenta dudas, temores y contradicciones. Esta complejidad psicológica y moral convierte a Tirant lo Blanch en un personaje verosímil y convincente, capaz de suscitar la empatía y el interés del lector.

Otro aspecto notable de la novela es su estilo narrativo, que combina la prosa y el verso de manera magistral. Esta alternancia de registros confiere a la obra un ritmo ágil y dinámico, que mantiene el interés del lector a lo largo de las más de mil páginas de la novela.

La obra la tradujo al castellano en el siglo XVI el escritor Juan de Valdés, lo que contribuyó a su difusión y popularidad en toda la península ibérica. El influjo de este libro en la literatura posterior ha sido inmenso en toda Europa.

Gabriel Miró

Gabriel Miró Ferrer, nació en 1879 en Alicante. Fue uno de los novelistas más prominentes de la literatura hispana del siglo XX. Su obra, caracterizada por una prosa lírica y evocadora, así como por una profunda sensibilidad hacia la belleza y la complejidad de la vida, lo convirtió en una figura importante en el panorama literario español de inicios del siglo XX.

Creció en una familia acomodada y recibió una buena educación. Desde joven, mostró una gran inclinación hacia las letras y la filosofía, y en su adolescencia empezó a escribir poemas y ensayos. Estudió derecho en la Universidad de Granada, donde tuvo la oportunidad de explorar sus intereses literarios y culturales en un ambiente intelectualmente estimulante.

La primera obra importante de Miró fue *Las cerezas del cementerio* (1908), una colección de cuentos que revelaba su habilidad para captar el sentido de la vida rural y la psicología humana, empleando una prosa delicada y sugestiva. Estos relatos, que exploraban temas como el amor, la muerte y la nostalgia, le establecieron como un escritor de talento y prometedor, y llamaron la atención de la crítica.

Sin embargo, fue con la publicación de su primera novela, *La paloma de cartón* (1917), con la que alcanzó la plenitud de su importancia como novelista. La novela, es una exploración excelente de la memoria, la identidad y el paso del tiempo. La prosa poética y evocadora de Miró, así como su profunda introspección psicológica, hacen de *La paloma de cartón* una obra maestra de la literatura.

Otra de las piezas más destacadas de Miró es *El obispo leproso* (1926), que combina la imaginación poética del autor con una profunda reflexión filosófica sobre el sufrimiento humano y la redención espiritual, se considera una de las mejores novelas históricas de la literatura española y una obra fundamental en la trayectoria literaria de Miró.

El escritor exploró una amplia amplitud de asuntos y géneros literarios, desde la novela hasta el ensayo y el diario íntimo. Su obra, caracterizada por su sensibilidad estética y su profunda humanidad, reflejaba su interés por la naturaleza, la historia y la cultura españolas, así como por las complejidades de la experiencia humana.

Una de las características más distintivas de su prosa era su habilidad para evocar paisajes y ambientes con una precisión casi pictórica. Sus descripciones detalladas y sensoriales de la naturaleza y el entorno físico de sus personajes creaban un sentido de lugar vívido y tangible que transportaba al lector directamente al mundo de sus novelas. Esta capacidad para crear atmósferas y paisajes emocionalmente resonantes es una de las razones por las que sus libros continúan siendo tan apreciados por los lectores de hoy.

Miró también desarrolló una destacada trayectoria profesional como periodista y crítico literario. Escribió gran número de artículos y ensayos sobre literatura y cultura para periódicos y revistas de la época, y fue un defensor acérrimo del modernismo y la estética de la belleza en las letras. Su agudo sentido crítico y su hondo conocimiento de la historia española le valieron el respeto y la admiración de sus contemporáneos. Su influjo en el panorama cultural español del siglo XX fue significativo.

A pesar de su triunfo y reconocimiento, su vida estuvo marcada por la desgracia. En 1930, su esposa falleció de tuberculosis, dejándolo sumido en una profunda depresión. La pérdida de su compañera y su principal fuente de inspiración le afectó profundamente y ejerció un impacto duradero en su obra posterior.

Su salud también se vio afectada por la tuberculosis, falleciendo en 1936, mientras España estaba sumida en la Guerra civil. Su prematura muerte privó a España y al mundo de la literatura de uno de sus más grandes talentos, pero su legado ha llegado hasta el día de hoy a través de sus escritos, que se continúan leyendo en todo el mundo.

Concha Piquer

María de la Concepción Piquer López fue una reconocida cantante y actriz española, considerada una de las figuras principales de la música popular del siglo XX. Nació en 1908 en Valencia y dejó una huella imborrable en la cultura hispana a través de su emotiva voz y su apasionada interpretación de coplas, pasodobles y otros géneros musicales.

Su vida estuvo vinculada al canto desde niña. Era hija de una familia de músicos y recibió desde su infancia una sólida formación en canto y actuación. Muy joven, empezó a actuar en espectáculos de variedades y teatros locales, ganando popularidad por su voz melodiosa y su presencia escénica.

El verdadero punto de inflexión en su trayectoria profesional llegó en la década de 1930, cuando comenzó a interpretar coplas y pasodobles en teatros y salas de conciertos de toda España. Su estilo único y su aptitud para transmitir sentimiento a través de su voz cautivaron al público y la convirtieron en una de las artistas más queridas de entonces.

Una de las características más destacadas de su estilo fue su pericia para reflejar el alma hispana en sus canciones. Sus interpretaciones de coplas, con letras emotivas que hablaban de amor, desamor, nostalgia y lucha, conmovieron profundamente a los oyentes, que encontraron en su música un reflejo de sus propias experiencias y emociones.

A Concha Piquer también se la conoció por su versatilidad como intérprete, ya que abarcaba una amplia gama de estilos musicales en su repertorio. Además de coplas y pasodobles, también interpretó boleros, tangos, rancheras y otros géneros populares, mostrando su talento y versatilidad como cantante.

Uno de sus mayores triunfos fue su interpretación de la canción «Ojos verdes», un clásico del repertorio hispano que se convirtió en su seña de identidad. La canción, de letra emotiva y melodía conmovedora, se fue como un himno para toda una generación de españoles y reforzó la posición de Concha Piquer como una de las grandes divas de la música española.

«La Piquer», como cariñosamente se la llamaba, también se dedicó al cine, donde sobresalió por su talento como actriz. Apareció en diversas películas españolas, interpretando papeles tanto dramáticos como cómicos. Su presencia en la pantalla grande contribuyó a su popularidad y la consolidó como una de las figuras más queridas del cine español.

El legado de Concha Piquer permanece hoy en día a través de sus canciones y su impacto en la música española. Las generaciones posteriores de aficionados a la música siguen recordando y apreciando su voz emotiva y su estilo inconfundible. Además, su influjo se extiende más allá de la música, ya que su vida y obra han inspirado a otros muchos artistas.

Concha Piquer falleció en 1990, en Madrid, pero su música permanece viva en el corazón de quienes la escucharon y la admiraron durante su carrera.

JOSÉ DE RIBERA

José Ribera o Jusepe de Ribera, conocido asimismo como «*lo Spagnoletto*», fue uno de los pintores más famosos del siglo XVII en España y Nápoles, donde desarrolló gran parte de su trayectoria artística. Nació en 1591 en Játiva y dejó un legado artístico que lo convirtió en un personaje determinante en la historia del arte español y europeo. Su obra, caracterizada por un realismo audaz y una profunda exploración de temas religiosos y mitológicos,  se continúa admirando y estudiando en la actualidad.

Ribera mostró una aptitud excepcional para el dibujo y la pintura. A los quince años se trasladó a Valencia para estudiar arte con el pintor Francisco Ribalta, quien ejerció una gran influjo en su desarrollo estético. Durante este período, se familiarizó con las obras de los grandes maestros del Renacimiento y el barroco, y comenzó a desarrollar su personal estilo, caracterizado por un realismo y una técnica magistrales.

En 1611, se trasladó a Italia, donde pasaría el resto de su vida y alcanzaría la cima de su trayectoria artística. Se estableció en Nápoles, entonces parte del reino de España, donde encontró un ambiente artístico vibrante y una demanda creciente de su trabajo. Allí, Ribera se convirtió en un pintor muy solicitado y pronto se dio a conocer por su habilidad para describir la humanidad y la emoción en sus obras, así como por su dominio técnico y su audaz uso de la luz y la sombra.

Una de las características más distintivas de su obra es su tratamiento de los asuntos clásicos. Ribera exploró una amplia gama de asuntos religiosos, desde escenas bíblicas hasta imágenes de santos y mártires, con una fuerza emocional y un crudo realismo que los hacía parecer vivos y palpables. Sus representaciones de la agonía y el sufrimiento de los santos y mártires, en particular, están imbuidas de una profunda humanidad y de una emoción visceral que las hacen inolvidables.

Una de las obras más conocidas de Ribera es *La flagelación de Cristo*, una poderosa representación del sufrimiento de Cristo durante la Pasión. En esta obra, el artista utiliza una composición dinámica y un tratamiento expresionista de la figura de Cristo para transmitir la intensidad física y emotiva del momento. La obra, que se encuentra en la National Gallery de Londres, es un ejemplo magistral del dominio técnico y la habilidad narrativa pintor, y se sigue admirando por su poderoso impacto visual y emocional.

Ribera se dedicó asimismo al retrato y al paisaje, explorando una variedad de temas y estilos. Sus retratos, que van desde figuras históricas y nobles hasta personajes comunes y corrientes, revelan una profunda comprensión de la psicología humana y una notable habilidad para mostrar la individualidad y la personalidad de sus modelos. Sus paisajes, por otro lado, muestran su amor por la naturaleza y por la belleza y la majestuosidad del paisaje italiano.

Ribera se destacó como innovador en el campo del grabado y el aguafuerte, experimentando con técnicas y estilos nuevos y desarrollando su propio y particular enfoque. Sus grabados muestran su pericia para crear imágenes poderosas y evocadoras utilizando técnicas de aguafuerte.

La obra de Ribera tuvo una gran importancia en la historia del arte hispano y europeo. Su legado perdura hasta el día de hoy. Su realismo audaz lo convirtió en una figura influyente en el desarrollo del barroco español y en un precursor del naturalismo y el realismo en el arte de Europa. Su obra la han estudiado y admirado generaciones de artistas y críticos de arte. Su influjo se puede apreciar en el trabajo de pintores posteriores, como Francisco de Goya o Caravaggio. Ribera falleció finalmente en Nápoles en 1652.

Joaquín Rodrigo

Rodrigo fue uno de los compositores españoles más prominentes del siglo XX. Nació en 1901 en Sagunto y falleció en 1999 en Madrid. Aunque se le conoció principalmente por su obra *Concierto de Aranjuez*, dejó una herencia musical que abarcaba una extensa gama de géneros y estilos, desde la música sinfónica hasta la música de cámara y la vocal.

Joaquín mostró siempre un notable talento para la música y empezó a estudiar piano y violín con corta edad. No obstante, siendo aún niño, una fiebre reumática le dejó ciego de forma permanente. Pese a esta discapacidad, continuó su educación musical y destacó como compositor y pianista.

En 1927, se trasladó a París para estudiar composición con el renombrado maestro Paul Dukas en el Conservatorio. Durante su estancia allí se vio expuesto a una amplia gama de influjos musicales, desde el impresionismo francés hasta la música española y la música folclórica. Esta diversidad de tendencias se reflejaría más tarde en su propia música, que combinaba aspectos de la tradición hispana con técnicas modernistas y contemporáneas.

Su carrera despegó en la década de 1930, cuando empezó a recibir reconocimiento internacional por su música. En 1939, compuso su composición más célebre, el *Concierto de Aranjuez para guitarra y orquesta*, joya musical que se convertiría en una de las piezas más queridas y reconocidas del repertorio de guitarra clásica. El concierto, inspirado por los jardines y el palacio de Aranjuez, situado en las afueras de Madrid, sugiere la belleza y el esplendor del paisaje español con una mezcla de melancolía y nostalgia. Sus evocadoras melodías y su exquisita armonía han hecho de esta pieza una de las más emblemáticas de la música clásica española y un símbolo del virtuosismo y la sensibilidad su compositor.

Otra obra destacada de Rodrigo es su *Concierto para piano y orquesta en sol mayor*, escrito en 1933, que refleja el influjo de compositores como Manuel de Falla y Maurice Ravel y es una celebración de la música española y de su riqueza melódica y rítmica. Por su brillantez técnica y su imaginación creativa, el *Concierto para piano* se ha convertido en una de las composiciones más queridas y admiradas del repertorio de piano clásico español.

Rodrigo escribió asimismo una amplia variedad de música vocal y de cámara. Sus obras vocales, que incluyen ciclos de canciones, piezas corales y música para voz y piano, reflejan su profunda conexión con la poesía y la literatura españolas, así como su arte para captar la belleza y el *pathos* del texto a través de la música. Sus obras de cámara, que van desde dúos para guitarra y piano hasta tríos y cuartetos de cuerda, muestran su habilidad para escribir un tipo de música íntima y expresiva que permite a los intérpretes explorar una amplia gama de colores y emociones musicales.

Rodrigo recibió numerosos premios y honores por su contribución a la música hispana y a la cultura mundial. En 1991, se le galardonó con el Premio Príncipe de Asturias de las Artes, uno de los más prestigiosos de España, en reconocimiento a su destacada trayectoria como compositor y su impacto perenne en el mundo de la música clásica. También se le nombró Caballero de la Orden de las Artes y las Letras de Francia y recibió numerosos doctorados *honoris causa* de universidades de todo el mundo.

Rodrigo fue un defensor apasionado de la música española y un destacado profesor y mentor. Impartió clases en varios conservatorios y universidades de España y del extranjero, donde inspiró y guio a varias generaciones de músicos y compositores. Su compromiso con la educación musical y su deseo de preservar y promover la música española lo convirtieron en un personaje determinante en el mundo de la música clásica y en un embajador cultural de España en todo el mundo.

Jaume Roig

Jaume Roig, destacado escritor y médico, nació en Valencia alrededor del año 1400 y vivió en una época de gran efervescencia cultural en la ciudad, lo que marcaría profundamente su visión del mundo y su obra literaria.

La información sobre Jaume Roig es limitada y fragmentaria. Se sabe que provenía de una familia acomodada y que estudió medicina en la Universidad de Valencia, donde posteriormente ejerció como médico.

Sobresalió no solo por sus habilidades médicas, sino también por su aguda inteligencia y su hondo conocimiento de la condición humana. Estas cualidades se reflejan en su obra escrita, que se caracteriza por su perspicacia psicológica, su ironía mordaz y su lenguaje vívido y directo.

El escrito más conocido de Jaume Roig es *Espill o llibre de les dones* [Espejo o libro de las mujeres], un extenso poema en prosa que se considera uno de los máximos exponentes de la prosa medieval valenciana. Se escribió entre los años 1440 y 1460 y es una obra de gran complejidad estructural y temática que aborda una amplia gama de temas, desde la medicina y la moral hasta la política y la religión. Básicamente es una sátira mordaz que critica los vicios de las mujeres del tiempo y un testimonio muy valioso de la vida cotidiana valenciana.

Se presenta como un diálogo entre un médico y su discípulo, en el que el primero comparte sus conocimientos y experiencias sobre la naturaleza humana y el mundo que los rodea. A lo largo de la obra, Jaume Roig ofrece una visión crítica y satírica de la sociedad valenciana de su época, denunciando los vicios y las injusticias que observa a su alrededor.

Una de las características más destacadas del libro es su estilo narrativo, que combina la prosa y el verso con notable pericia. El autor utiliza el verso para los pasajes más solemnes y elevados, como las reflexiones filosóficas y las descripciones poéticas, mientras que recurre a la prosa para las escenas de diálogo y las anécdotas cotidianas.

Uno de los temas recurrentes de la obra es la corrupción moral de la sociedad valenciana, especialmente de la clase dirigente y la nobleza. Roig denuncia la hipocresía y el cinismo de aquellos que ostentan el poder, así como la indiferencia y la insensibilidad de quienes sufren las consecuencias de su opresión.

Otro tema importante que se toca es la medicina y la salud, que reflejan el interés y la formación de su autor como médico. A lo largo de la obra, se ofrecen abundantes consejos y recomendaciones sobre cómo mantener una vida saludable y evitar las enfermedades, así como reflexiones más profundas sobre la naturaleza del cuerpo humano y su relación con el alma.

Espill ha sido objeto de gran número de estudios y ediciones críticas, y se considera un referente obligado para entender la evolución de la prosa medieval valenciana y su influjo en la literatura posterior. También es una fuente invaluable para entender las clases sociales y la cultura valencianas del siglo XV, pues ofrece una visión detallada y vívida de la vida cotidiana en la Valencia medieval, desde las costumbres y tradiciones hasta las creencias y supersticiones populares.

José Serrano

José Serrano Simeón fue un destacado compositor español conocido por sus obras en el ámbito de la zarzuela y la música lírica. Nació en 1873 en la localidad de Sueca y falleció en 1941 en Madrid. Su legado musical ha dejado una marca imborrable en la cultura hispana y en el mundo de la ópera y la zarzuela.

El maestro Serrano pertenecía a una familia vinculada a la música, lo que marcó el comienzo de su relación con este arte ya desde niño. Sus padres le inclinaron hacia la música y le proporcionaron una educación adecuada en este campo.

Desde joven, José mostró un talento extraordinario para la composición y el canto, lo que lo llevó a iniciar sus estudios musicales en Valencia. Allí recibió educación en piano, armonía y composición, sentando las bases de su futura trayectoria como compositor.

Su carrera profesional de José Serrano se inició en la década de 1890, cuando comenzó a componer sus primeras obras para piano y voz. Su estilo musical se caracterizaba por la combinación de elementos folclóricos españoles con técnicas de composición más refinadas y sofisticadas.

En 1900, logró su primer gran triunfo con la zarzuela *La canción del olvido*, que se estrenó en el Teatro Apolo de Madrid. Esta obra recibió la aclamación del público y la crítica, estableciendo así a Serrano como uno de los principales compositores de zarzuela de su tiempo.

Durante su itinerario profesional, el músico compuso más de ochenta zarzuelas, muchas de las cuales se convirtieron en éxitos populares y se representaron en teatros de toda España y América Latina, consolidando su reputación como uno de los grandes maestros del género lírico hispano.

Su estilo musical se caracteriza por el lirismo de sus melodías y por y su capacidad para sintetizar la esencia del folklore español en sus composiciones. Sus obras están impregnadas de ritmos y melodías inspiradas en la música popular, lo que les confiere un carácter distintivo y un gran atractivo para el público.

Entre las obras más destacadas del maestro Serrano está *La canción del olvido* (1900), ya mencionada, considerada su obra maestra, pues su música emotiva y sus arias inolvidables la convirtieron en un éxito instantáneo. *El mal de amores* (1905) aborda el tema del amor no correspondido y la tragedia de los celos, y es famosa por su dramatismo. *La dolorosa* (1920) es un drama romántico ambientado en un convento de monjas, donde se muestra la pasión y el sufrimiento de los personajes, con una atmósfera emotiva y conmovedora. *Los claveles* (1929) es una sátira de la sociedad española del tiempo, de música alegre y pegadiza.

Serrano recibió numerosos honores y reconocimientos por su aportación a la música española. En 1919 se le nombró director de la Real Academia de Bellas Artes de San Fernando de Madrid, un reconocimiento de su prestigio y talento como compositor.

Además, se reconoció la calidad de su obra tanto en España como en el extranjero, y muchas de sus zarzuelas se tradujeron y representaron en teatros de todo el mundo. Su música se continúa apreciando y valorando por su belleza melódica y su capacidad para emocionar al público.

Joaquín Sorolla

Nacido en 1863 en Valencia, se le reconoce como uno de los artistas más relevantes del periodo del impresionismo español. Su manera de presentar la luz, la vitalidad y la atmósfera del paisaje y la vida cotidiana hispana le otorgaron renombre tanto nacional como internacional. Sorolla produjo una vasta cantidad de obras que reflejaban su dominio técnico y su pasión por retratar la vida en todas sus formas.

Sorolla era de familia humilde. Quedó huérfano muy pronto. A los quince años ingresó en la Escuela de Bellas Artes de Valencia, donde recibió formación académica en pintura y dibujo. Estudió el trabajo de los maestros antiguos y modernos, aprendiendo de ellos.

Su primera exposición importante tuvo lugar durante la Exposición Nacional de Bellas Artes de Madrid en 1881, donde presentó tres marinas valencianas. A pesar de que pasaron desapercibidas, tales obras marcaron el comienzo de su trayectoria profesional como artista. En los años siguientes, el pintor continuó perfeccionando su estilo y participando en exposiciones nacionales e internacionales.

Su viaje a Roma en 1885 fue un punto de inflexión en su carrera profesional. Allí, entró en contacto con la pintura impresionista y se sintió inspirado por la luz y el color del Mediterráneo. Este período en pasado en la capital italiana señaló el comienzo de su enfoque característico en la captura de la luz y el movimiento en sus cuadros.

El triunfo de Sorolla no se hizo esperar. En 1888 se estableció en Madrid. Comenzó a consolidarse su reputación como pintor en ascenso y en 1890 recibió su primer premio importante en la Exposición Nacional de Bellas Artes de Madrid.

Durante la década de 1890, el artista cosechó éxitos continuos en las exposiciones. Su obra *Triste herencia*, que retrata la vida dura de los huérfanos, ganó el Grand Prix en la Exposición Universal de París de 1900, lo que le otorgó reconocimiento a nivel mundial.

El estilo particular de Sorolla se caracteriza por su capacidad de pintar la luz y el color de forma vibrante y dinámica. Sus pinceladas sueltas y expresivas dan vida a sus obras, creando una sensación de movimiento y vitalidad. El pintor tenía una pericia especial para representar el agua y la luz del sol, creando paisajes marinos que transmiten una sensación de frescura y luminosidad.

Además de sus paisajes y escenas de playa, Sorolla también fue un consumado retratista. Sus retratos aprehenden la personalidad y el carácter de sus modelos con sorprendente precisión. Su arte para imitar la expresión y la emoción humana se hallan presentes en cada trazo de pincel.

Su producción pictórica abarca una amplia gama de asuntos y motivos, pero su amor por la vida al aire libre y la naturaleza española es evidente en muchas de sus pinturas más famosas. Sus escenas de playa, con niños jugando en la arena y pescadores trabajando en el mar, son algunas de sus imágenes más icónicas.

Sorolla creó también gran número de retratos, así como obras históricas y sociales que reflejaban las realidades de la España de su tiempo. Sus pinturas de niños desnudos generaron bastante controversia, pero algunas de ellas se consideran ahora entre sus obras más importantes.

Su pintura dejó un legado duradero en la historia del arte hispano y mundial. Su enfoque innovador en la captura de la luz y el color influyó en generaciones posteriores de artistas, y su habilidad para transmitir la vitalidad y la emoción de la vida cotidiana se sigue admirando hoy en día.

El Museo Sorolla en Madrid, que fue la casa y estudio del artista, alberga una extensa colección de sus cuadros y es un destino popular para los amantes del arte que desean conocer más sobre su vida y su trabajo. Además, las exposiciones de sus pinturas continúan atrayendo a multitudes en todo el mundo.

Francisco Tárrega

Francisco Tárrega, uno de los guitarristas más prominentes de la historia de la música clásica, nació en 1852 en Villarreal. Se hizo célebre por su virtuosismo técnico, sus innovaciones en la técnica de la guitarra y su contribución al repertorio para este instrumento. El músico dejó un legado perdurable que se continúa estudiando en todo el mundo.

Desde muy joven, Tárrega mostró gran interés por la música y la guitarra en particular. A los siete años, empezó a estudiar guitarra con su abuelo, quien le enseñó las técnicas básicas del instrumento. Su talento excepcional pronto llamó la atención de su familia y de su comunidad, por lo que a los once años le enviaron a estudiar música en la Real Academia de Bellas Artes de San Carlos en Valencia. Allí, recibió una educación musical completa, que incluía clases de teoría musical, composición y guitarra clásica.

Durante su tiempo en la Academia, Tárrega tuvo la oportunidad de estudiar con algunos de los mejores maestros del momento, incluyendo al guitarrista y compositor Julián Arcas. Bajo su tutela, perfeccionó su técnica y amplió su conocimiento del repertorio para guitarra clásica, explorando obras de compositores como Fernando Sor, Dionisio Aguado y Mauro Giuliani.

Después de completar sus estudios en la Real Academia de Bellas Artes, Tárrega inició su trayectoria profesional como guitarrista profesional, actuando en salones y cafés de toda España. Su talento y su estilo único pronto atrajeron la atención de la crítica y de los públicos. En poco tiempo se convirtió en uno de los guitarristas más prestigiosos y solicitados de su generación.

Una de sus contribuciones principales al repertorio para guitarra fue su trabajo en la transcripción y adaptación de obras de otros compositores. Adaptó numerosas piezas de música clásica y popular para la guitarra, incluyendo obras de Bach, Beethoven, Chopin y Albéniz, entre otros. Su capacidad de entender el espíritu de las obras originales, así como su ingenio en la adaptación de la música para las características únicas de la guitarra, lo convirtieron en un pionero en este campo y enriquecieron enormemente el repertorio para el instrumento.

Tárrega también fue un prolífico compositor que escribió numerosas obras originales para guitarra. Sus composiciones, con piezas como *Recuerdos de la Alhambra, Capricho árabe* o *Lágrima*, se admiran por su belleza melódica, su expresividad emotiva y su brillantez técnica. Muchas de estas obras se han convertido en estándares del repertorio para guitarra clásica y las continúan interpretando y estudiando guitarristas de muchos países.

Una de las obras más conocidas y queridas de Tárrega es *Recuerdos de la Alhambra*, pieza inspirada en la majestuosa fortaleza árabe de Granada, España. La obra, compuesta en 1896, con sus delicados arpegios y su evocadora melodía, recrea la belleza y la atmósfera mística de la Alhambra. Se la considera una de las obras maestras del repertorio para guitarra clásica y un ejemplo perfecto del talento y la creatividad su compositor.

Tárrega desempeñó un papel importante en el desarrollo de la técnica de la guitarra. Introdujo numerosas innovaciones en la ejecución del instrumento, incluyendo el uso de las uñas de los dedos en lugar de los dedos para producir un sonido más brillante y claro, así como desarrollo de nuevas formas de abordar la digitación y la posición de la mano en el mástil. Estas innovaciones ayudaron a elevar el nivel técnico de la guitarra clásica y a establecerla como un instrumento respetado y admirado en el mundo de la música clásica.

San Vicente Ferrer

San Vicente Ferrer fue un influyente predicador y misionero dominico nacido en 1350 en Valencia. Su vida y obra dejaron marca en la historia de la Iglesia católica y en la espiritualidad de la Edad Media. Se le conoció por su elocuencia, personalidad y fervor religioso. Destacó por su dedicación a la predicación y la conversión de los fieles, así como por su profundo compromiso con la reforma eclesiástica y la promoción de la paz y la justicia.

La infancia y la juventud de san Vicente Ferrer se caracterizaron por una profunda devoción religiosa. Era hijo de una familia noble y piadosa, recibió una sólida educación y pronto mostró un interés especial por la vida religiosa y el estudio de las Sagradas Escrituras. A la edad de dieciséis años, ingresó en la Orden de Predicadores, más conocida como los Dominicos, donde se dedicó al estudio de la teología y la filosofía.

Durante su educación en la orden sobresalió por su diligencia y erudición. Pronto se le reconoció como predicador y teólogo de talento. Su elocuencia y su habilidad para comunicar las verdades de la fe católica de manera clara y convincente lo convirtieron en uno de los predicadores más solicitados de su tiempo. Viajó extensamente por toda Europa, predicando en ciudades y pueblos de España, Francia, Italia y otros países.

Una de las características más destacadas de su ministerio fue su énfasis en la conversión y la penitencia. En sus sermones, instaba a los fieles a arrepentirse de sus pecados y a volver a Dios con un corazón contrito y humilde. Su mensaje resonaba especialmente en un período de intensa agitación social y política en Europa, dificultado por la guerra, la peste y la inestabilidad política. En medio de estos desafíos, san Vicente Ferrer ofrecía esperanza y consuelo a aquellos que buscaban la redención.

Sobresalió asimismo por su compromiso con la reforma eclesiástica y la promoción de la paz y la justicia. En un momento en que la Iglesia católica estaba tintada por la corrupción y el nepotismo, él abogaba por una renovación espiritual y moral dentro de la institución. Criticaba abiertamente los abusos y las injusticias que veía en la sociedad y exhortaba a los líderes eclesiásticos y políticos a actuar con integridad y compasión.

También se hizo célebre por sus milagros y prodigios, que, según la tradición cristiana, eran señales del poder de Dios y de la santidad del santo. Se dice que realizó numerosas curaciones milagrosas, exorcismos y otros actos de poder divino. Tales milagros contribuyeron a su reputación como hombre de gran santidad y aumentaron su predicamento entre los fieles.

Una de las contribuciones más duraderas de san Vicente Ferrer a la Iglesia fue su papel en la reconciliación de las facciones en conflicto dentro de la Orden de Predicadores. En un momento en que la orden se hallaba dividida por disputas internas y rivalidades personales, él trabajó incansablemente para promover la unidad y la armonía entre los frailes dominicos. Su ejemplo de humildad, caridad y perdón inspiró a muchos dentro de la orden a superar sus diferencias y a trabajar juntos por el bien común.

San Vicente Ferrer falleció en 1419 en Vannes, Francia. Su muerte la lamentaron miles de personas en toda Europa, que lo consideraban un santo y un ejemplo de vida cristiana. Lo canonizó el papa Calixto III en 1455. Según el calendario litúrgico de la Iglesia católica, su fiesta se celebra el 5 de abril.

Arnau de Vilanova

Arnau de Vilanova, conocido como Arnaldus de Villa Nova, fue un destacado médico, alquimista, teólogo y escritor nacido en el 1240 en Valencia. Su vida y obra influyeron grandemente en la historia de la medicina y la alquimia, así como en el pensamiento científico y teológico de la Edad Media.

Arnau recibió una educación sólida en artes liberales y teología en la Universidad de Montpellier, una de las instituciones educativas más prestigiosas de Europa en aquel momento. Sobresalió por su erudición y su profundo conocimiento de la medicina, la filosofía y las ciencias naturales. Después de completar sus estudios, regresó a España, donde ejerció la medicina y enseñó en diversas instituciones académicas.

Uno de los aspectos más notorios de su trayectoria profesional fue su aportación a la farmacología. Como galeno, fue defensor de la medicina empírica, basada en la observación y la experiencia clínica, en contraposición a la medicina especulativa, basada en teorías abstractas y dogmas religiosos. Sus tratados médicos, escritos en latín, abordaban una amplia gama de temas, desde la anatomía y la fisiología hasta la farmacología y la terapéutica.

Arnau de Vilanova fue pionero en el uso de métodos científicos para el diagnóstico y tratamiento de enfermedades. Introdujo nuevas técnicas de examen físico, como la palpación y la percusión, y promovió el uso de hierbas medicinales y otras sustancias naturales en el tratamiento de enfermedades. Su enfoque holístico de la medicina, que reconocía la interconexión entre el cuerpo, la mente y el espíritu, lo convirtió en un precursor de la medicina psicosomática y la medicina integrativa.

Arnau de Vilanova sobresalió como alquimista y hermetista. La alquimia, una antigua disciplina que buscaba la transmutación de metales comunes en oro y la obtención del elixir de la vida, estaba estrechamente relacionada con la medicina en la Edad Media, ya que se creía que los procesos alquímicos tenían aplicaciones terapéuticas. Él escribió extensamente sobre alquimia, explorando sus aspectos filosóficos, simbólicos y prácticos.

Una de sus contribuciones más valiosas a la alquimia fue su énfasis en la transmutación espiritual y moral como objetivo último de la práctica alquímica. Para él, el proceso de transformación alquímica no se limitaba a la manipulación de sustancias materiales, sino que también implicaba la purificación del alma y la búsqueda de la perfección. Esta visión espiritual de la alquimia lo distinguió de otros alquimistas de su tiempo y lo convirtió en una figura de innegable influjo en el desarrollo del pensamiento alquímico.

Arnau de Vilanova fue también teólogo y escritor religioso. Como cristiano que era, redactó numerosos tratados teológicos y comentarios bíblicos en los que exploraba cuestiones de fe, moral y espiritualidad. Su obra teológica reflejaba su hondo compromiso con la Iglesia y su deseo de promover la unidad y la armonía entre los fieles.

Uno de los temas recurrentes en la obra de Arnau de Vilanova fue la necesidad de una reforma en la Iglesia. Criticaba abiertamente los abusos y la corrupción que veía dentro de la institución eclesiástica y abogaba por una renovación espiritual y moral en la Iglesia y en la sociedad en su conjunto. Su insistencia en reforma le provocó conflictos con las autoridades eclesiásticas de su tiempo, pero también lo convirtió en un defensor de los pobres y oprimidos.

Su legado permanece hoy en día a través de la memoria de sus enseñanzas. Su contribución a la medicina, la alquimia y la teología la han reconocido las generaciones posteriores de médicos, científicos y teólogos. Su enfoque holístico de la salud y el bienestar, que integraba aspectos físicos, mentales y espirituales, continúa inspirando a aquellos que buscan una comprensión más profunda de la naturaleza humana y del universo en su conjunto.

Juan Luis Vives

Joan Lluís Vives i March fue un filósofo, pedagogo, humanista y escritor español nacido en Valencia en 1492 y fallecido en Brujas, Bélgica, en 1540. Su vida y obra son fundamentales para comprender el Renacimiento español y europeo, así como para el desarrollo de la pedagogía moderna y la filosofía humanista.

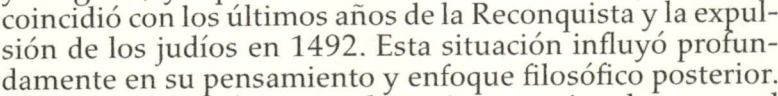

Vives nació en una familia judía conversa y creció en un contexto de convulsión política y religiosa, ya que su infancia coincidió con los últimos años de la Reconquista y la expulsión de los judíos en 1492. Esta situación influyó profundamente en su pensamiento y enfoque filosófico posterior.

Vives demostró una inteligencia excepcional y una sed insaciable de conocimiento. Estudió en la Universidad de Valencia, donde se dedicó al estudio de la filosofía, la retórica y las humanidades clásicas. En su formación influyó el humanismo renacentista, un movimiento intelectual que buscaba recuperar y revalorizar el conocimiento y la cultura clásica de la antigua Grecia y Roma.

Vives viajó por Europa, estableciéndose en diferentes urbes como Brujas, Lovaina, París y Oxford. Esto le permitió entrar en contacto con los principales intelectuales y pensadores de su tiempo, así como con las ideas y corrientes filosóficas más importantes del Renacimiento europeo.

Uno de los aspectos más prominentes de su obra fue su enfoque en el campo de la pedagogía. Se le consideró uno de los precursores de la pedagogía moderna, ya que abogaba por un enfoque educativo centrado en el estudiante, que tuviera en cuenta sus intereses, habilidades y necesidades individuales. Creía en la importancia de la educación como herramienta para el desarrollo del individuo y la sociedad.

En su libro más conocido, *De disciplinis,* el pensador abordó temas como la enseñanza de las humanidades, la importancia del aprendizaje activo y la educación integral del individuo. Propuso un enfoque educativo basado en la observación, la experimentación y la participación activa del estudiante en su propio proceso de aprendizaje.

Vives realizó valiosas aportaciones al campo de la psicología. En su obra *De anima et vita,* exploró asuntos como la naturaleza del alma humana, la relación entre mente y cuerpo, y los procesos mentales y emocionales. Sus ideas sobre la importancia de la introspección y la autoconciencia anticiparon muchos conceptos modernos de psicología y psicoterapia.

Otro aspecto importante de su aportación filosófica fue su defensa de la tolerancia y de la convivencia pacífica entre diferentes grupos religiosos. En un contexto de intolerancia y persecuciones, Vives abogó por el respeto mutuo y la comprensión entre católicos, protestantes y judíos. Sus ideas sobre este tema fueron revolucionarias para su tiempo y continúan siendo relevantes en la actualidad.

El filósofo escribió extensamente sobre temas políticos, sociales y éticos. Sus obras abordaban cuestiones como la justicia social, los derechos humanos y la responsabilidad cívica, y reflejaban su compromiso con la construcción de una sociedad más justa y equitativa.

Las aportaciones de Juan Luis Vives perduran hasta el día de hoy. Su influjo se extiende a campos tan diversos como la filosofía, la educación, la psicología y la ética. Sus ideas innovadoras y su enfoque humanista continúan siendo una fuente de inspiración para aquellos que buscan comprender el mundo y mejorar la condición humana.

BIBLIOGRAFÍA

Aparicio, J. *et al. K* (1997). *Historia del pueblo valenciano.* Real Academia de Cultura.

Berger, P. (1987). *Libro y lectura en la Valencia del Renacimiento.* Instituto Valenciano de Investigaciones Económicas.

Bernat, J. S. *et al.* (1994). *Crecimiento de la población valenciana (1609-1857).* Instituto Valenciano de Investigaciones Económicas.

Blanch, I. (2005). *La Valencia de los años 80.* Ayuntamiento de Valencia.

Blasco, J. M. (1982). *El krausisme valencià.* Instituto Valenciano de Investigaciones Económicas.

Boix, V. (1862). *Valencia histórica y topográfica.* Biblioteca de *El Diario Mercantil.*

Burns, R. (1981). *Jaume I y els valencians del s. XIII.* Tres i Quatre.

Castro, A. (2000). *Sobre el nombre y el quién de los españoles.* Taurus.

Chabás, R. (1891). *Los mozárabes valencianos.* Real Academia de la Historia.

Chust, M. *et al.* (1988). *Historia del pueblo valenciano.* Caja de Ahorros de Valencia.

Coscollá Sanz, V. (2003). *La Valencia musulmana.* Carena.

Dauksis Ortola, S. (2002). *Historia de la ciudad. Territorio, sociedad y patrimonio: Una visión arquitectónica de la historia de la ciudad de Valencia.* Universidad de Valencia.

Domínguez, M. (2000). *La romanización de Valencia.* Ateneo de Valencia.

Furio, A. *et al.* (1985). *València: un mercat medieval.* Diputación de Valencia.

García Cárcel, R. (1981). *La revolta de les Germanies.* Institució Alfons el Magnànim.

Guichard, P. (1987). *Los musulmanes de Valencia.* Institució Alfons el Magnànim.

Haliczer, S. (1993). *Inquisición y sociedad en el reino de Valencia.* Instituto Valenciano de Investigaciones Económicas.

Heriard, M. (1987). *Valencia y el gótico internacional.* Instituto Valenciano de Investigaciones Económicas.

Huici, A. (2009). *Historia musulmana de Valencia y su región.* Ayuntamiento de Valencia.

Llobregat, E. (1985). *Els orígens del País Valencià.* Instituto Valenciano de Investigaciones Económicas.

Merimée, H. (1985). *El arte dramático en Valencia.* Instituto Valenciano de Investigaciones Económicas.

Millán Sánchez, F. (2008). *Valencia. Una realidad histórica.* RiE.

Reglá, J. (1978). *Aproximació a la historia del País Valencià.* Eliseu Climent.

Ribes, V. (1985). *Los valencianos y América.* Diputación de Valencia.

Sanchis Guarner, M. (1972). *La ciutat de València.* Ayuntamiento de Valencia.

Sanz, J. (2018). *La cara secreta de la política valenciana.* Institució Alfons el Magnànim.

Tarradell, M. (1975). *História del País Valencià,* Ediciones 62.

Ubieto, A. (1977). *Orígenes del reino de Valencia.* Anubar.

CONOCE NUESTRO CATÁLOGO

VISITANDO NUESTRA WEB

EDICIONS PERELLÓ
Los mejores clásicos en su idioma original.